# [illegible],

[illegible] DE [illegible],

PAR

[illegible]

AUTEUR

DE LA NUIT AU FORT DE DERPT, DE LA CHUTE D'UN GRAND HOMME, DES PRINCES NORVÉGIENS, DE GUSTAVE WASA, ETC., ETC

Tome troisième.

Paris,

[illegible] ET POUGIN, QUAI DES AUGUSTINS,
CORBET, QUAI DES AUGUSTINS,
PIGOREAU, PLACE ST.-GERMAIN,
[illegible] ET FORET, RUE HAUTEFEUILLE.

183[illegible].

qu'un sommeil doux et paisible. Qui n'eut cent fois occasion d'observer que ces organes deviennent rouges et très-sensibles chez les personnes qui passent plusieurs jours et plusieurs nuits sans se livrer au sommeil?

La lumière est le modificateur par excellence de l'œil : à ce titre elle mérite toute notre attention.

Rien ne fatigue autant la vue que les corps qui produisent la sensation du blanc. Aussi combien la cécité est commune chez les russes et chez les differens autres peuples dont le sol est couvert de neige pendant la plus grande partie de l'année!

De toutes les couleurs le rouge est celle qui frappe les yeux avec le plus d'éclat et qui produit sur eux les plus vives impressions. Aussi, avec quel empressement les enfans et les peuples sauvages recherchent les objets teints de cette couleur! Personne n'ignore que le rouge vif semble jetter l'effroi chez certains animaux et les met en fuite. De toutes, elle est ainsi celle qui peut exercer les influences les plus fâcheuses sur les yeux. Que de cécités ne reconnaissent point pour cause la dangereuse habitude d'avoir regardé trop long-tems fixément des corps en com-

# GÉRARD.

ERRATUM.

Chapitres XXX, XXXI, XXXII, XXXIII, *lisez* I, II, III, IV.

IMPRIMERIE DE MADAME VEUVE POUSSIN,
Rue et hôtel Mignon, n. 2.

# GERARD

OU UN

# GROGNARD DE L'EMPIRE.

Par Mardelle,

AUTEUR D'UNE NUIT AU FORT DE DERPT,
DE LA CHUTE D'UN GRAND HOMME,
DES PRINCES NORVÉGIENS, DE GUSTAVE WASA, ETC.

TOME TROISIÈME.

PARIS,

LECOINTE ET POUGIN, QUAI DES AUGUSTINS;
CORBET, QUAI DES AUGUSTINS;
PIGOREAU, PLACE SAINT-GERMAIN;
MASSON ET YONET, RUE HAUTEFEUILLE.

1833.

# GÈRARD.

## CHAPITRE XXX.

Gérard, pour ne point alarmer sa fille, était convenu avec Herfort de ne lui faire connaître que ce qui leur avait été favorable; de sorte qu'elle ignora long-temps qu'il avait été blessé. Elle ne fut informée que des récompenses décernées à son père et à son amant, et elle espérait que la paix allait enfin ramener Herfort à Paris. Son amour-propre était d'autant plus flatté qu'elle se voyait déjà l'épouse d'un général, et que Gérard, officier supérieur d'un régiment, cité avantageusement dans plusieurs bulletins de la grande armée, et récemment nommé officier de la légion-d'honneur, ne pouvait manquer de parvenir bientôt au grade de major ou de colonel. Cependant l'espoir qu'elle avait conçu du prochain retour d'Herfort à Paris fut trompé. Napoléon venait de réunir les états vénitiens au royaume d'Italie. Il avait en outre érigé en duchés la Dalmatie, l'Istrie, le

Frioul, Cadore, Bellune, Conégliano, Trévise, Feltre, Bassano, Vicence, Padoue et Rovigo. L'empereur se réservait de donner l'investiture de ces fiefs, pour être transmis héréditairement, par ordre de primogéniture, aux descendans mâles de ceux en faveur desquels il en voulait disposer, et, en cas d'extinction de leur descendance, lesdits fiefs devaient être reversibles à la couronne impériale. Des revenus considérables allaient être attachés à chacun de ces fiefs, pour être possédés par les titulaires. L'exécution des décrets relatifs à l'organisation de ces duchés en grands-fiefs de l'empire exigeait des négociations et une surveillance active. Napoléon fit venir Herfort à Vienne et le chargea d'une mission extraordinaire qui se rattachait à cette affaire importante. Ce général fut, en conséquence, obligé de se rendre en poste en Italie, où il devait rester jusqu'à ce que sa mission fût terminée.

Cependant, malgré la générosité de Napoléon envers Alexandre, le cabinet de Pétersbourg refusa de ratifier les stipulations convenues avec la France, et, de son côté, le roi de Prusse, dans un excès de présomption qu'il est impossible d'expliquer, même en regardant comme certaine son intelligence avec la Russie, demanda impérieusement que les troupes françaises quittassent l'Allemagne et repassassent le Rhin. Une proposition de cette nature fut rejetée comme elle devait l'être, comme elle l'eût été par le plus modéré des princes.

Le 13 octobre 1806, les armées étant en présence, l'empereur écrivit au roi de Prusse, « pour prévenir, disait-il, l'effusion du sang » et la perte assurée de la bataille » d'Iéna. » Mais Frédéric-Guillaume, aveuglé par l'esprit de vertige, persista dans sa fatale résolution. Il voulait, disait-il, venger l'Europe et l'Allemagne. Il ne craignit pas de provoquer les hostilités, et, sans attendre l'arrivée des Russes, il se présenta seul et sans soutien dans la lice des combats.

Cette campagne, unique peut-être dans l'histoire, est un monument de la présomption et de l'imprudence du cabinet de Prusse. En un mois, et par une suite non interrompue de désastres, la monarchie du grand Frédéric fut renversée.

Vainqueur de la Prusse, Napoléon se trouva bientôt engagé dans une nouvelle guerre, et, le 19 décembre, il arriva à Varsovie. Dès cet instant, ce ne fut plus qu'une suite continuelle de combats entre les Français et les Russes. Czarnovo, Nasielsk, Pustusk, Golymin, Mohringen, Bergfried, Hoff, Eylau, Dantzig, Spanden, Domitten, et enfin Friedland, où fut livré, le 14 juin 1807, la dernière bataille, et la plus décisive de cette guerre, attestent les nombreuses défaites de l'armée russe et l'immortelle gloire de nos phalanges. La déroute de l'armée russe fut telle à Friedland, que, pour assurer ses débris, elle dut couper tous les ponts qu'elle laissait derrière elle.

Le 25 juillet, une entrevue eut

lieu à Tilsitt, sur le Niémen, entre les empereurs Napoléon, Alexandre et le roi de Prusse. La paix fut signée, et ses bases principales furent la reconnaissance des trois frères de Napoléon, Joseph, Louis et Gérôme, en qualité de rois de Naples, de Hollande et de Westphalie.

La blessure que Gérard avait reçue à Austerlitz l'avait retenu près de quatre mois en Moravie; mais dès qu'il s'était trouvé rétabli, il s'était empressé de rejoindre son régiment, et avait fait toute la campagne de Prusse, où il s'était distingué dans plusieurs occasions. Quant au général Herfort, après être resté six mois en Italie, il avait reçu l'ordre de se rendre auprès de l'empereur, qui lui avait donné le commandement d'une brigade d'infanterie dans le corps d'armée du maréchal Davoust.

Cependant, par suite des traités qui venaient d'être conclus, le maréchal Mortier prit possession de Hambourg, au nom du gouvernement français, et l'ordre fut immédiatement donné aux habitans de déclarer les fonds ou marchandises appartenant à des Anglais. Cette mesure était le résultat d'un décret impérial, daté de Berlin, qui portait que les marchandises, quelle que fût leur espèce, provenant des îles britanniques, étaient déclarées de bonne prise. M. Bremmer montra dans cette circonstance une grande prédilection pour la France. Non-seulement il s'empressa de rompre toutes ses relations avec l'Angleterre ; mais il contribua aussi de tout son pouvoir à la rigoureuse exécution du système continental, dirigé contre cette puissance. Né en France, il avait pour ses compatriotes le plus grand attachement, et les accueillit avec empressement. Sa maison, l'une des plus agréables de Hambourg, tant par l'opulence qui y régnait que par la société qui s'y réunissait, était devenue le rendez-vous des officiers de la garnison. L'aménité de M. Bremmer et les talens de ses enfans avaient de grands attraits pour eux. Georges avait de l'instruction, de l'esprit, de la littérature, le ton et les manières d'un Français bien élevé : il possédait presque toutes les langues, dessinait habilement, était adroit dans tous les exercices du corps, et excellait sur plusieurs instrumens. Il était, en outre, d'un si heureux caractère, qu'il suffisait de le connaître pour rechercher son amitié. Sa sœur, qui possédait des qualités plus séduisantes encore, attirait auprès d'elle un essaim d'adorateurs. On la citait comme la plus belle femme de Hambourg, et comme une des meilleures musiciennes de l'Allemagne. Elle chantait l'italien et le français, et touchait du piano avec une rare perfection. Elle joignait à ces brillans avantages, les qualités du cœur et une supériorité d'esprit remarquable. Le frère et la sœur étaient doués d'une égale beauté, et il existait entre eux une si grande ressemblance, que, sans leurs costumes, on aurait pu les prendre l'un pour l'autre ; mais cette singularité cessait d'étonner, quand on apprenait qu'ils étaient jumeaux. Comme ils s'aimaient beaucoup, ils se confiaient réciproquement leurs plus secrètes pensées ; mais depuis quelque temps, Cécile était devenue moins communicative avec lui. Souvent elle était triste, rêveuse, distraite : quelquefois Georges l'avait surprise versant des larmes ; mais s'il l'interrogeait sur le motif de son chagrin, elle poussait de longs soupirs, et ne répondait rien. Le changement qui s'était tout-à-coup opéré en elle étonnait d'autant plus son frère, qu'auparavant elle était de l'humeur la plus enjouée, et que même, dans plusieurs occasions, il lui avait reproché une grande légèreté dans le caractère et des habitudes de coquetterie qu'il blâmait amèrement. Il ne tarda pas, néanmoins, à soupçonner la cause des tourmens auxquels sa sœur était en proie, et cette découverte l'affligea vivement. Depuis trois mois, un capitaine français logeait chez M. Bremmer. Il était admis à sa table, et ne quittait sa maison que quand son service l'exigeait. C'était un des plus beaux officiers de l'armée. Ses manières, franches en apparence, avaient séduit M. Bremmer, qui le comblait d'égards. Georges, plus clairvoyant, n'avait pu se lier avec cet homme qui lui inspirait une sorte de méfiance. Il avait observé l'éloignement de ses camarades pour lui, et quelques propos, débités par eux sur son compte, lui faisaient faire des réflexions qui lui étaient peu favorables. Étant entré un jour dans le salon, il surprit sa sœur en tête-à-tête avec le capitaine. L'émotion de Cécile était remarquable : la rougeur qui colorait son front, l'agitation de ses sens, son air déconcerté, tout trahissait en elle la cause de son trouble. Hélas! l'infortunée avait donné son cœur à un homme bien indigne d'elle, car son séducteur était le capitaine Arnoud. Georges venait d'interrompre les deux amans au milieu d'une conversation fort animée. Arnoud proposait à Cécile de quitter la maison paternelle pour fuir avec lui, et l'idée d'une telle démarche indignait la jeune fille et la mettait hors d'elle-même. Cependant la présence de Georges causant au capitaine quelque embarras, il se hâta de sortir, en donnant pour prétexte qu'une affaire urgente l'appelait chez son colonel.

— « Qu'as-tu donc, Cécile ? dit Georges à sa sœur, en cherchant à lire dans ses yeux... Comme tu es émue !

— Moi, mon frère ?.... Quelle idée !

— Je ne sais, mais il est certain qu'il se passe en toi quelque chose d'extraordinaire.

— Je n'ai nul sujet de me plaindre du capitaine ; c'est un homme bien élevé, je crois, et qui est incapable de manquer aux procédés qu'il me doit.

— Explique-moi donc alors ce

qui peut t'avoir mis dans l'état où je te vois.

— Hé bien ! si je suis troublée, c'est l'effet que vient de produire sur moi le récit que M. Arnoud me faisait, à l'instant même, de la dernière affaire où il a été blessé. Je n'ai pu entendre les détails de ce combat terrible sans frémir, et j'en ai encore les sens bouleversés.

— Es-tu sincère, Cécile ?

— Quel intérêt aurais-je de manquer de franchise avec toi, mon frère, toi que j'aime si tendrement, pour qui je n'ai jamais rien eu de caché ?

— Cependant, depuis le séjour du capitaine ici, il me semble que tu n'es plus la même avec moi... Dis-moi la vérité, Cécile : M. Arnoud te fait-il la cour ?

— Tu sais bien, mon frère, que ce serait inutilement.

— Tu ne réponds pas à ma question... Je te demande si le capitaine t'a fait une déclaration d'amour, s'il a des prétentions sur toi.

— Quand cela serait?

— Ton devoir serait de rejeter ses hommages.

— En effet... quand j'aurais du goût pour lui, à quoi cela m'avancerait-il?

— Si tu t'attachais à cet homme, ce serait, selon moi, fort malheureux.

— Pourquoi?

— Parce que ton mariage avec le neveu de M. Ravel est irrévocablement arrêté.

— Tu as raison, mon frère : je ne dois pas oublier qu'on a disposé de moi, et que je suis destiné à un homme que je ne connais pas.

— Je suis à peu près dans la même position que toi, car à peine ai-je vu Amélie, et néanmoins je suis décidé à l'épouser. Ne devons-nous pas nous conformer aux volontés de nos parens, surtout lorsqu'elles ont pour but notre bonheur? Notre père et M. Ravel ont depuis long-temps pris, à cet égard, des engagemens qu'il ne nous est pas permis de rompre sans leur causer beaucoup de chagrins.

— Tu crois donc, mon frère, qu'il n'y aurait aucun moyen de faire revenir mon père sur le parti qui a été pris sans nous consulter?

— Non, je n'en connais point... Mais, ma sœur, je ne suis pas la dupe de ta répugnance pour le mariage que tu dois contracter, et ce qui m'afflige le plus, c'est d'en avoir pénétré la cause... Oui, je n'en saurais douter, cet Arnoud, dont j'ai quelques raisons de me défier, t'a tourné la tête... il possède ton cœur.

— Oh! qui peut te donner cette idée?

—Je voudrais me tromper, mais, ma pauvre Cécile, je crains bien que tu ne te prépares de grands tourmens..... Connais-tu bien cet homme?

— Depuis trois mois qu'il loge chez mon père, j'ai été à même de l'apprécier; M. Arnoud est un homme comme il faut. Tu me diras peut-être que son éducation est un peu négligée; mais cela s'explique : il est entré si jeune dans l'état militaire! et quoiqu'il ait passé nombre d'années dans les camps, il n'en a pas moins un ton excellent. Du reste, il n'est pas permis de douter qu'il n'appartienne à une honnête famille, et l'aisance dont il jouit annonce que son père a une grande fortune.

— Il est vrai que, pour un simple capitaine d'infanterie, il mène un grand train et fait beaucoup de dépenses ; mais cela prouve-t-il qu'il soit d'une famille opulente ?

— Oh ! par exemple, comment pourrions-nous en douter, nous qui avons vu des lettres de ses parens et de son homme d'affaires ?

— C'est vrai... Au surplus, je me propose de prendre sur lui quelques renseignemens auprès de son colonel, qui doit venir demain passer la soirée ici.

— Ah ça! mon frère, je ne dois pas être la femme de M. Arnoud, n'est-ce pas ?

— Certainement, non.

— Hé bien! de quoi veux-tu te mêler? Qu'il soit riche ou non, cela ne nous regarde point.

—Tu as raison... Je serais néanmoins curieux de savoir jusqu'à quel point peuvent être fondés les bruits qu'on fait courir sur son compte.

— Est-il bien convenable, mon frère, de prêter l'oreille à des propos dictés sans doute par l'envie? Il n'est pas étonnant qu'un homme comme M. Arnoud ait des ennemis.

— Au fait, cela se pourrait; et, puisque je me suis trompé, puisque tu n'as que de l'indifférence pour lui, je suivrai ton conseil. Dans tous les cas, Cécile, songe à ce que le devoir t'impose; n'oublie pas que Charles est l'époux qu'on te destine. »

Cécile, confuse d'avoir dissimulé avec son frère, se tut et se mit à préluder sur son piano. Georges resta peu de temps auprès d'elle et descendit ensuite à son bureau, où il travailla jusqu'à l'heure de son dîner.

Quant à Arnoud, comme il se disposait à sortir de la maison, on lui remit un billet du maréchal Mortier, qui lui intimait l'ordre de se rendre sur-le-champ auprès de lui. Lorsqu'il fut introduit dans le cabinet du maréchal, son excellence lui fit signe d'approcher.

— « J'ai reçu des plaintes fort graves contre vous, monsieur, lui dit-il en le regardant d'un air sévère : elles sont contenues dans une note qui m'est adressée du quartier-général de la grande armée.

—Il est vrai, monseigneur, que dans plusieurs occasions, j'ai dû ne pas oublier que j'étais officier français. Votre excellence n'ignore pas ce que c'est que le point d'honneur.

— La véritable bravoure, monsieur, consiste à ne se mesurer qu'avec les ennemis de son pays, et je vous trouve d'autant plus blâmable qu'il est dit dans cette note que c'est vous qui avez constamment provoqué les querelles.

— On aura dénaturé les faits à dessein, parce que je suis toujours sorti avec bonheur des luttes que j'ai eu à soutenir. Je me suis attiré des ennemis qui ont fait des rapports défavorables sur mon compte.

—Vous êtes, en outre, soupçonné d'avoir fait au jeu des gains considérables par des voies que l'homme réprouve.

— Quelle horreur ! c'est une atroce calomnie ! Qu'on m'accuse, si l'on veut, d'avoir une mauvaise tête, d'être susceptible, emporté, querelleur même, je le mérite peut-être; mais tromper au jeu! j'en suis incapable; et si j'avais l'avantage d'être plus particulièrement connu de votre excellence, elle rejetterait avec indignation une telle imputation. Ce n'est pas un homme comme moi qu'on doit soupçonner aussi légèrement; un brave qui n'a jamais reculé devant l'ennemi, qui a affronté tant de fois la mort sur le champ de bataille...

— Modérez-vous, capitaine, et écoutez-moi... Loin de contester votre bravoure, on vous avait signalé comme vous étant particulièrement distingué à la bataille de Friedland, et votre colonel vous avait porté pour la croix, que vous eussiez obtenue, si vous n'aviez pas été aussi mal noté.

— C'est une indignité ! Quoi ! je suis privé d'une récompense justement méritée, parce que de vils calomniateurs ont eu la lâcheté de me dénoncer. Je connais ceux de mes camarades qui ont pu me desservir ; malheur à eux ! Quoique j'aie reçu à Friedland une balle dans le bras, il me reste assez de force pour me venger.

— Je vous défends de vous battre, monsieur; et si vous osez enfreindre cet ordre, je vous fais fusiller sur-le-champ.

— Hé bien ! je donne ma démission, et, par ce moyen, je puis demander raison à ceux qui m'ont rendu la victime de leurs sourdes menées.

— J'accepte votre démission; mais je vous ordonne de sortir de Hambourg dans les vingt-quatre heures.

— Cet ordre est bien sévère! et je suis surpris que votre excellence, dont on vante la justice et l'indulgence, agisse avec autant de rigueur envers un homme qui a servi avec quelque distinction.

— Il m'en coûte beaucoup, monsieur Arnoud, de sévir contre un brave tel que vous ; mais vous avez tué plusieurs officiers, et je ne veux pas que pareille chose se renouvelle ici. J'exige que vous quittiez votre corps. Je vais vous faire délivrer une feuille de route pour Paris, où vous attendrez votre nouvelle destination ou votre admission à la retraite, à laquelle vos services et vos blessures vous donnent des droits.

— Un tel arrêt m'accable, monsieur le maréchal ; et maintenant, je regrette de n'avoir pas été emporté par un boulet à Eylau ou à Friedland. Mais si je me vois contraint de quitter un corps où j'ai gagné les épaulettes de capitaine, que je n'aie pas du moins la douleur de passer pour en avoir été chassé, car je préfère la mort à un affront pareil ! Je demande à votre excellence, comme une faveur insigne, que les griefs élevés contre moi restent ignorés de tous mes camarades.

— J'y consens volontiers. Je ferai plus, capitaine : vous serez censé avoir donné votre démission, qui ne sera connue qu'à l'époque où vous serez remplacé dans votre grade. Allez, retirez-vous, et qu'après-demain, sans faute, on ne vous retrouve plus dans Hambourg ! »

Arnoud, en rentrant dans son logement, trouva une lettre qui lui était adressée de Paris. Il la lut avec empressement, et fut très-satisfait de son contenu.

— « Salmon a bien suivi mes instructions, dit-il; cette lettre arrive fort à propos. Je vais la lire à Cécile, et j'espère qu'elle produira sur elle l'effet que j'en attends. »

Arnoud, dès le commencement de son arrivée à Hambourg, avait convoité la main de Cécile; mais, du moment qu'il eut acquis la conviction que M. Bremmer ne la lui accorderait jamais, son unique soin avait été de la séduire. Voulant lui fasciner les yeux, il se fit passer pour riche; et pour soutenir son imposture, il se faisait adresser de temps en temps, par Salmon, des lettres supposées qu'il lui communiquait et qui servaient à l'entretenir dans sa fatale erreur. L'air agité qu'il prit en abordant Cécile fixa son attention. Il s'assit auprès d'elle en tenant la lettre qu'il venait de recevoir, et affectant une sombre tristesse.

— « Qu'avez-vous donc, Hippolyte? lui demanda Cécile : comme vous paraissez affligé!

— Je viens de recevoir une nouvelle qui met le comble à mon malheur. L'idée affreuse de te voir prête à passer dans les bras d'un autre ne suffisait pas pour m'accabler; il fallait encore, Cécile, que mes propres affaires me forçassent à m'éloigner de toi.

— Que dis-tu, mon ami? tu parles de nous séparer!

— Il le faut, Cécile. Lis cette lettre de mon homme d'affaires; elle te prouvera que mon retour à Paris est indispensable, si je veux éviter la perte de ma fortune.

— Grand Dieu! s'écria Cécile éperdue.... tu vas donc me quitter?

— En aurai-je la force?

— Cependant, mon ami, ton

avenir dépend de cette résolution, et ton devoir t'ordonne de partir, de me laisser en proie à toutes mes douleurs, aux regrets qui me poursuivront jusqu'à mon dernier jour. Que je suis malheureuse! Tu m'as perdue, et tu vas m'abandonner! Que vais-je devenir avec mes remords et mon désespoir?

— Ainsi donc, c'est moi qui aurai empoisonné ton existence! c'est moi que tu maudiras toute ta vie! Ah! que je suis coupable! Mais si tu redoutes la sévérité de ton père, suis-moi en France; viens-y contracter des nœuds avec celui à qui tu as donné ta foi. D'ailleurs, mon amie, une fois que nous serons mariés, crois-tu que M. Bremmer ne te pardonnera pas? Un père est toujours père, et quand le tien connaîtra ton sort, il finira par approuver notre mariage. Après tout, ce n'est pas à dédaigner. Ma mère m'a laissé de quoi vivre honorablement, et j'espère arriver à Paris assez à temps pour empêcher mon père d'effectuer ses menaces qu'il me fait de me dépouiller de sa succession. Je vais aujourd'hui même donner ma démission, et dès après-demain, si tu y consens, Cécile, nous aurons quitté ces lieux.

— O ciel ! abandonner mon père, mon frère !... A quoi suis-je donc réduite ! Faut-il que je mette le comble à mon déshonneur !

— Songe donc, Cécile, qu'en m'épousant, tout sera réparé. Tu auras même dans le monde un rang digne d'envie. Qui pourrait figurer mieux que toi dans les brillantes sociétés de la capitale de l'empire français ? Par tes charmes, ton esprit et tes talens, tu es appelée à éclipser toutes les beautés qui en sont l'ornement. Si tu te faisais une idée de Paris, tu brûlerais d'y être. Quelle ville admirable ! et combien elle diffère de Hambourg !

— Que m'importe Paris ! N'es-tu pas tout pour moi ? Oui, c'en est fait, je suis à toi pour la vie. Ta Cécile est prête à te suivre partout où tu voudras la conduire ; es-tu satisfait ?

— Je suis le plus heureux des hommes ! enfin tu m'appartiens ! Notre sort est pour jamais lié l'un à l'autre. »

Arnoud profita de son ascendant sur sa maîtresse pour la décider à tout disposer pour son départ. Ils convinrent qu'elle ferait le voyage sous des vêtemens d'homme, et elle trouva dans la garde-robe de son frère de quoi se travestir. Arnoud sortit ensuite pour ses affaires, et ne rentra qu'à l'heure du dîner. Le soir, M. Bremmer fit avec le capitaine une partie d'échecs qui se prolongéa fort tard. De leur côté, Georges et sa sœur restèrent dans le salon, où ils firent de la musique et répétèrent plusieurs morceaux qu'ils devaient exécuter le lendemain en présence d'une nombreuse société que leur père avait invitée depuis quelques jours. M. Bremmer redoubla de politesse envers son hôte. Il entra même avec lui dans des détails de famille avec cette confiance qu'on n'accorde qu'aux personnes qu'on estime. Il lui parla de ses enfans et de leurs prochains mariages.

— « Dans les projets que j'ai conçus pour leur bonheur, lui dit-il, ce qui me console, c'est que ma fille ne me quittera jamais, car elle épousera le neveu de mon ancien associé. C'est, dit-on, un jeune homme de mérite, qui a fait son éducation à Paris. D'après le bien qu'on en dit, j'ai le plus vif désir de le connaître, et je viens d'écrire à son oncle pour l'engager de l'envoyer auprès de moi le plus promptement possible. Comme il doit me succéder dans mon établissement, il est essentiel qu'il se forme sous mes yeux.

— Son sort est digne d'envie, monsieur Bremmer. Il aura l'avantage non-seulement d'entrer dans une famille honorable, mais encore d'avoir pour femme une personne accomplie. Votre gendre futur a sans doute de la fortune ?

— Point du tout ; mais c'est un mariage arrêté de longue main entre mon ami Ravel et moi. C'est une dette réciproque d'amitié que nous avons voulu acquitter. Ma fille épousera son neveu, et la sienne épousera mon fils. Elles auront chacune pour dot cinq cent mille francs et un magnifique trousseau ; c'est, je crois, fort honnête, et je donne en outre à Cécile les diamans de sa mère.

— C'est sans doute un objet de prix ?

— Il s'agit d'un écrin de cent mille francs qu'elle a déjà en sa possession. Je le lui ai remis le jour même où elle a consenti à épouser Charles Ravel. Je crois même que la vue de ces diamans n'a pas peu contribué à lui faire entendre raison, puisque dans le principe elle ne voulait pas entendre parler de ce mariage. Dans tous les cas, c'est une chose arrêtée, et j'espère bien, capitaine, que vous assisterez à la noce de ma fille, car je compte sur la prochaine arrivée de son prétendu.

— Ce serait certainement avec grand plaisir, monsieur Bremmer; mais je n'ose me flatter de jouir de cet avantage. Ne puis-je pas quitter cette ville d'un moment à l'autre?

— Il n'est pas encore question, je crois, du départ de votre régiment. J'ai vu ce matin votre colonel, qui ne m'en a rien dit..... A propos, il m'a promis de dîner ici demain et de passer la soirée avec nous. »

Cécile sortit triste et souffrante du salon. Arnoud resta avec M. Bremmer et son fils jusqu'à près de minuit; et quand tout reposa dans la maison, il alla retrouver sa maîtresse.

La première fois qu'il s'était introduit chez elle, il y était parvenu en escaladant un balcon; mais, depuis ce moment, elle lui avait procuré le moyen d'arriver à sa chambre, en lui donnant une clef de l'appartement que sa mère occupait de son vivant, et qui était inhabité. Cet appartement, qui communiquait au logement de Cécile, avait une porte donnant dans un corridor où était situé celui d'Arnoud.

Il la trouva en larmes. Elle avait réfléchi aux conséquences que pouvait avoir sa fuite de la maison paternelle, et l'idée de l'opprobre que cette coupable démarche allait déverser sur elle la mettait au désespoir. Abîmée dans sa douleur et ses remords, elle était tentée de revenir sur sa résolution. Un reste de pudeur, et la piété filiale, combattaient déjà victorieusement sa passion pour celui qui l'avait subjuguée, quand il vint tout détruire par sa présence.

Après avoir éteint le dernier cri du devoir qui se faisait encore entendre : Cécile, lui dit-il, ton irrésolution m'avait vivement affecté; mais je te pardonne, mon amie, puisque tu reviens à moi pour toujours. Ne nous occupons donc plus que des apprêts de notre départ.... As-tu tout disposé pour ta fuite ?

— « Oui, mon cher Hippolyte; j'ai choisi parmi les vêtemens de mon frère ceux dont j'ai besoin, et je les ai cachés dans l'appartement de ma mère, où personne n'entre que moi.

— Cécile, dit-il, as-tu de l'argent à ta disposition ?

— J'ai dans ce secrétaire ma bourse qui contient, en pièces d'or, une somme de sept à huit cents francs : je vais te la remettre. »

Elle ouvrit le secrétaire et présenta la bourse à Arnoud. Celui-ci, l'ayant prise, resta un instant indécis sur ce qu'il devait faire.

— « Je fais une réflexion, Cécile,

dit-il en remettant la bourse dans le secrétaire... A quoi nous servirait cet or? N'en ai-je pas assez pour faire notre voyage? D'ailleurs une fois à Paris, mon homme d'affaires me procurera toutes les sommes dont nous aurons besoin.

— Cette bourse m'appartient, mon ami; c'est le fruit de mes économies.

— N'importe! je suis d'avis de la laisser. Je tiens essentiellement à ce que tu n'emportes rien avec toi : on verra, du moins, à quel homme tu as affaire.

— Ce trait prouve ta délicatesse.

— Cependant, chère Cécile, je crains que tu ne regrettes un jour les choses précieuses auxquelles tu renonces pour moi... Ces diamans, par exemple, tu y penseras longtemps, je gage.

— Point du tout, je t'assure.

— Ne sont-ils pas renfermés dans cette boîte placée à côté de la bourse?

—Oui, il faut que je te les montre; mais crois bien que j'en fais le sacrifice de bon cœur.

—Aussi je t'en sais gré... Voyons néanmoins jusqu'à quel point ce sacrifice est grand.»

Elle ouvrit l'écrin, dont l'aspect éblouit les yeux d'Arnoud.

— «C'est admirable! s'écria-t-il... Tous ces diamans sont de la plus grande beauté. Comme ils t'iraient bien, ma Cécile! et combien ils releveraient l'éclat de ta beauté! Que j'aimerais à t'en voir parée! Mais il n'y faut point penser... Referme donc cette boîte, et songeons à autre chose. Va, nous n'aurons pas besoin de posséder d'aussi riches objets pour vivre heureux ensemble. C'est dans notre propre estime, c'est dans notre amour réciproque que nous trouverons le vrai bonheur. Répète-moi, Cécile, que tu me consacres ton existence et que tu m'aimeras jusqu'à ton dernier jour.

— Je te le jure, Hippolyte; et toi, redis-moi tes sermens, fais passer dans mon âme cette sécurité dont j'ai tant besoin pour oublier mes fautes et mon ingratitude envers ma famille. »

Arnoud prit Cécile dans ses bras, la couvrit de baisers, et l'entraîna dans sa chambre, où il resta avec elle encore quelques heures.

Le lendemain, plusieurs des personnes que M. Bremmer avait invitées à diner se trouvaient déjà réunies dans le salon, lorsqu'on annonça le colonel qu'il attendait. Quand Arnoud put l'aborder, encouragé par l'accueil favorable qu'il en reçut, il lui demanda à lui parler en particulier. Ils passèrent dans une autre pièce, et eurent ensemble un court entretien, dont le capitaine eut lieu d'être satisfait.

M. Bremmer fit les honneurs du repas avec une joie communicative. A l'exception de sa fille, tout le monde se ressentit de sa gaîté. Au dessert, on vint à parler des agrémens qu'offrait une maison de campagne qu'il possédait à peu de distance de Zollenspiecker. Cette circonstance donna l'idée à Georges de proposer à deux de ses amis d'aller y chasser le lendemain. M. Bremmer approuva ce projet et voulut même être de la partie.

— « Messieurs les chasseurs, dit-il, il faut que nous partions demain matin à cinq heures précises, car nous avons huit bonnes lieues à faire. Vous trouverez, en arrivant dans ma cour, un char-à-bancs qui nous transportera rapidement. Nous emporterons des provisions, et nous nous arrêterons en route pour déjeuner.... Colonel, ajouta-t-il, vous devriez bien nous faire le plaisir d'être des nôtres.

— Volontiers ; mais il faut que je prévienne de mon absence le commandant de la place.

— Vous le verrez ce soir : il doit assister à notre petit concert....

Vous voudrez bien aussi permettre à M. Arnoud de venir avec nous.

— Cela ne se peut pas : le capitaine a demain certain devoir à remplir qui l'empêchera de profiter de votre invitation. »

La réunion de la soirée fut nombreuse et le concert brillant, quoique Cécile, contre son ordinaire, se trouvât hors d'état de se faire entendre. Elle s'excusa sur son indisposition qui durait depuis deux jours. Quant à son frère, il charma la société pour les accords harmonieux de sa basse. On ne se sépara qu'à minuit.

— « Voilà tout notre monde parti, Cécile, dit M. Bremmer à sa fille, et tu es encore là !... Puisque tu es indisposée, il y a deux heures que tu aurais dû te retirer.

— Je n'ai pas voulu me séparer de vous, mon père, sans recevoir vos adieux et ceux de mon frère.

— Tu as d'autant plus raison que demain nous serons déjà loin quand tu te réveilleras... Viens donc, que je t'embrasse... Mais tu trembles !... Qu'as-tu donc, Cécile ? Quoi ! tu pleures !

— Cette séparation m'est pénible, je l'avoue.

— Allons, tu n'es pas raisonnable : songe donc qu'après-demain soir nous serons de retour.

— C'est vrai... Adieu, mon père... Et toi, mon cher Georges, embrasse-moi aussi.

— Volontiers.... Actuellement, ma sœur, va te reposer, car tu dois être bien fatiguée... Adieu. »

Ils se quittèrent, elle en poussant

des sanglots étouffés, et eux en riant du motif apparent de son chagrin. Cécile, en entrant dans sa chambre, trouva son amant qui l'attendait avec impatience.

— « Je te tiens enfin daus mes bras! lui dit-il en la pressant sur son cœur. Désormais nous ne nous quitterons plus... Mais tu pleures, Cécile... Allons, allons, sèche tes larmes, et songe que maintenant tes regrets seraient inutiles.

— Pardon, cher Hippolyte; mais quel moment pour moi!... Je sens toute l'énormité de ma faute, et cependant je me laisse entraîner à un pouvoir irrésistible. Oui, je m'abandonne à toi sans réserve. Puissé-je n'avoir jamais à m'en repentir!

— Que peux-tu redouter? n'as-tu pas mes sermens?

— Je ne sais, mon ami; mais je tremble!... J'entends au fond de mon âme une voix puissante qui me crie : malheureuse; tu cours à ta perte!

— Cécile! vous devriez me connaître! je suis un honnête homme.

— Tu me rassures, Hippolyte... Oui, je te connais : ton âme est pure, et tu ne tromperas jamais ta Cécile.

— Cruelle! comment une telle idée a-t-elle pu s'offrir à ta pensée?... Mais puisque la raison t'éclaire, j'en rends grâce au ciel... Que je voudrais être loin d'ici!... Cette nuit va me paraître éternelle. »

En effet, malgré leurs caresses réciproques, les heures s'écoulèrent lentement au gré de leur impatience. Vers les quatre heures du matin, ils pensèrent aux apprêts de leur départ.

— « Il est temps, Hippolyte, lui dit Cécile, de nous disposer à quitter la maison.

— Je n'aurai pas besoin de retourner dans ma chambre, où il ne reste plus rien de ce qui m'appartient : j'ai déposé mon porte-manteau dans celle de ta mère. Viens, suis-moi, et hâte-toi de te revêtir des habits de ton frère... Mais non, ne te dérange pas : je vais aller te chercher tous ces objets.

— Pourquoi te donner cette peine? Je vais avec toi.

—Non, te dis-je ; je me rappelle l'impression que le portrait de ta mère a faite sur toi... Je reviens à l'instant. »

Il eut bientôt apporté à Cécile tous les effets qu'elle avait préparés pour sa fuite ; et tandis qu'elle s'habillait, il alla chercher son portemanteau.

— « Maintenant que je n'ai plus rien à prendre dans cette pièce, dit-il en rentrant, je vais en fermer la porte. »

Il mit la clef du côté opposé, et attira à lui la porte qui se referma.

— « Qu'as-tu fait Hippolyte? Pourquoi avoir mis la clef de l'autre côté? On ne pourra plus entrer dans la chambre de ma mère.

— Je l'ai fait exprès : il y a là des objets précieux. Quand nous aurons quitté cette maison, elle sera à la merci des domestiques. Si quelqu'un s'avisait de profiter de notre absence pour dérober l'écrin de ta mère, ne pourrait-on pas nous attribuer cette soustraction ?»

Cécile approuva la prévoyance de son amant. Quelle était son erreur ! Ce misérable avait dérobé cet écrin et la bourse de Cécile, et ces objets étaient cachés dans son portemanteau.

A cinq heures, ils entendirent, dans la cour, un grand bruit occasionné par le départ des chasseurs. Trois quarts d'heure après, munis des objets nécessaires à leur voyage, ils descendirent par un escalier dérobé conduisant à une petite ruelle, et sortirent de la maison sans être vus. Ils ne tardèrent pas à monter en voiture, et à six heures précises, ils s'éloignèrent de Hambourg.

## CHAPITRE XXXI.

---

M. Ravel était retourné depuis quelque temps à sa terre de Roussy-le-Sec, avec sa fille et son neveu. Devenu mélomane, il se livrait principalement à l'étude de l'instrument qu'il avait adopté, et attirait de temps en temps, chez lui, des artistes de profession qu'il payait généreusement. Charles, profitant de la manie de son oncle pour prolonger son séjour auprès de sa cousine, se gardait bien de le contrarier dans son goût. Quant à elle, rien ne pouvait altérer son humeur. Elle aimait son cousin, et eût préféré l'épouser à tout autre; mais avant tout, les volontés de son père étaient sa loi, et elle se résignait d'avance à son sort. Si le mariage qu'il lui imposait lui causait quelque peine, c'était moins pour elle que pour Charles.

Cependant l'époque fixée pour le mariage d'Amélie approchait. Chaque fois que M. Bremmer écrivait à son vieil ami, il n'oubliait pas de lui rappeler l'engagement qu'ils avaient pris. Un jour, M. Ravel entra brusquement dans le salon, et, sans faire attention à son neveu, qui était auprès d'Amélie, il lui annonça la prochaine arrivée de son prétendu.

— « Ma fille, lui dit-il, voici une lettre de mon ami Bremmer, qui me prévient que définitivement son fils sera ici vers la fin de ce mois.

— Déjà, mon père?

— Qu'est-ce à dire, déjà? Il me semble au contraire, mademoiselle, que Georges est bien en retard.... Au surplus, dès qu'il arrivera, je veux que votre mariage se fasse. Je vais même, de ce pas, faire dresser le contrat et publier les bans.

— Vous êtes bien pressé!

— Ne faut-il pas qu'enfin cette affaire se termine ?

— Il n'y a donc pas moyen de s'en dédire ?

— Non, certes !... J'espère bien, ma fille, que dans cette circonstance, j'aurai lieu d'être content de ta soumission.

— Puisque vous l'exigez, mon père, je vous obéirai.

— L'ai-je bien entendu ? s'écria Charles.... Elle est perdue pour moi ! Que je suis malheureux ! »

Le jeune homme, hors de lui, sortit précipitamment et disparut.

— « Où diable court-il comme cela, ton cousin ?

— Ce qu'il vient d'entendre, mon père, ne lui a pas fait plaisir. Vous savez comme moi que ce mariage ne peut lui être agréable.

— C'est un fou qui s'est mis des chimères dans la tête. Tant pis pour lui ; il faudra bien cependant qu'il prenne son parti... Revenons à Bremmer. Le but de sa lettre m'a causé le plus grand plaisir ; mais la manière dont il la termine me donne de l'inquiétude... Écoute cette phrase, que je ne comprends pas : — « Il m'est arrivé, mon cher » Ravel, un malheur affreux que » Georges t'expliquera ; mais, mal- » gré le coup qui m'a frappé, j'é- » prouverai quelques consolations » quand je saurai que nos liens » d'amitié seront resserrés plus » étroitement encore par l'union » de nos enfans. » — De quel malheur veut-il parler ?

— Il a peut-être essuyé quelque perte dans son commerce.

— Si ce n'était que cela, il s'expliquerait plus clairement : il sait bien que je m'empresserais de venir à son aide... Au surplus, Georges me dira ce dont il s'agit... En attendant, je vais chez le notaire, et de là chez M. le curé. Je veux que tout soit réglé avant l'arrivée de ton futur. »

Amélie, réfléchissant à la douleur qu'avait témoignée Charles en sortant du salon, éprouva un sentiment pénible ; mais ce mouvement fut de courte durée. Oubliant bientôt la peine de son cousin, elle se mit à son piano, et étudia un rondeau de Hummel. M. Ravel, qui ne revint qu'à l'heure du dîner, était furieux en rentrant dans le salon.

Charles s'était dirigé vers Paris.

Plusieurs jours se passèrent sans qu'il donnât de ses nouvelles à son oncle. Cependant l'époque de l'arrivée de Georges à Roussy-le-Sec approchait, et M. Ravel tenait beaucoup à ce que Charles fît connaissance avec son futur beau-frère. D'un autre côté, ayant contracté l'habitude de faire journellement de la musique avec lui, son absence le contrariait d'autant plus qu'elle le privait d'un plaisir qui charmait son loisir. Cédant un jour à son impatience, il fit mettre les chevaux à sa voiture, et partit pour Paris, avec la résolution de le ramener au château.

L'atelier de peinture de Charles était situé rue Notre-Dame-des-Champs, près le boulevard du Mont-Parnasse : un petit logement de garçon en dépendait; mais comme il y couchait rarement, à cause de l'éloignement de ce quartier du centre de la ville, il logeait ordinairement en hôtel garni. En arrivant de Roussy-le-Sec, il était descendu au grand hôtel des Princes, rue de Richelieu. Peu de jours avaient suffi pour qu'il se liât d'amitié avec deux jeunes gens qui occupaient l'appartement contigu au sien. Le plus âgé, malgré son ton tranchant et ses manières qui parfois rappelaient un peu trop le genre soldatesque, avait une figure fort distinguée. Il était, de plus, remarquable par l'élévation de sa taille et les belles proportions de son corps. Quoique vêtu dans le dernier goût, il suffisait de le voir pour deviner qu'il avait vécu dans les camps. Son langage, son maintien, sa démarche, tout en lui annonçait la profession qu'il avait exercée pendant tant d'années. Le plus jeune, doué d'une figure charmante, était d'une taille ordinaire, mais svelte, élégante et bien prise. Ces deux personnages étaient Arnoud et Cécile.

Le premier soin de M. Ravel, en arrivant à Paris, fut de se rendre à l'atelier de son neveu. On lui apprit qu'il y venait rarement; mais on lui indiqua sa demeure. Il s'y fit conduire sur-le-champ.

M. Ravel s'installa dans l'appartement qu'on lui offrit. Il paya son loyer d'avance, et donna, en outre, deux napoléons au concierge, en lui recommandant de ne point annoncer son arrivée à Charles.

— « Ce jeune homme est mon neveu, lui dit-il, et je veux qu'il ignore jusqu'à demain matin que je suis ici. Comme il rentrera probablement au milieu de la nuit, je me soucie fort peu de me priver de mon sommeil pour l'attendre. »

M. Ravel se fit servir à dîner dans son appartement. Charles et ses amis ne rentrèrent qu'à deux heures du matin.

— « Hé bien! Cécile, lui dit Arnoud quand il resta seul avec elle, comment trouves-tu Montmorency?

— C'est un séjour délicieux; les environs y sont charmans, et l'on y trouve des sites admirables. Je t'avoue, mon ami, que la partie que nous venons de faire m'est mille fois plus agréable que de passer, comme nous le faisons trop souvent, des soirées entières dans ce maudit Frascati, où tu as perdu, tous ces jours-ci, des sommes énormes. Crois-moi, Hippolyte, n'y retourne plus.

— Il faut auparavant que je recouvre les sommes que j'ai perdues.

— Ne risques-tu pas de te ruiner?

— Je ne crains pas cela; j'ai des ressources.

— Mais tu n'as presque plus d'argent.

— Je toucherai demain une dixaine de mille francs. Cela me suffira pour attendre le retour de mon père.

— Qui doit donc te remettre cette somme?

— Mon ami Salmon, que j'ai chargé de voir mon homme d'affaires.

— Cet homme d'affaires, que tu ne m'as pas encore fait connaître, avait donc entre ses mains beaucoup de fonds à toi appartenant, car, depuis que nous sommes ici, il ne cesse de te faire remettre des sommes, qui malheureusement se trouvent aussitôt dissipées.

— Il avait avec moi un reliquat de compte d'une centaine de mille francs. Mais pourquoi ces réflexions, Cécile ? Pour le moment, jouissez des agrémens que je vous procure ; partagez ma fortune ; menez un grand luxe de chevaux et d'équipages ; donnez le ton à nos jeunes dandys ; brillez, monsieur Georges Bremmer, brillez, et ne vous inquiétez de rien.

— Malgré les plaisirs si variés dont vous me faites jouir à Paris, mon cher Hippolyte, je vous avoue que je préférerais vivre loin du fracas de cette ville. Vous m'aviez tant promis de me conduire à la terre de votre père! Le moment n'est-il pas venu de réaliser cette promesse et de consacrer enfin au pied de l'autel....

— Cécile, vous revenez souvent sur ce chapitre. Faut-il vous répéter que, grâce à mon homme d'affaires, mon père, enfin détrompé sur mon compte, a abandonné ses projets d'exhérédation que je pouvais craindre, et qu'il est parti pour Naples, où il doit toucher le montant d'une créance considérable?

— Mais, en attendant son retour qui, m'avez-vous dit, ne peut avoir lieu que dans deux mois, ne pouvons-nous pas nous retirer dans sa propriété située dans le département de Seine-et-Marne? Nous y ferions moins de dépenses.

— Vous avez raison, Cécile, et c'est mon intention; mais, avant d'aller nous enterrer dans le village de Saint-Bon, il faut que je termine ici quelques affaires importantes. Nous ne pourrons quitter Paris que dans une quinzaine de jours. »

Ces dernières paroles ayant rassuré Cécile, elle dormit d'un sommeil moins agité que de coutume. Le lendemain, vers les dix heures du matin, Salmon fit demander son ami, qui vint le trouver dans l'antichambre.

— « Te voilà, bon homme! lui dit Arnoud. Hé bien! m'apportes-tu de l'argent?

— Deux mille écus.

— Quoi ! si peu !.. Je croyais que les bijoux que je t'avais remis valaient au moins dix mille francs.

— Je n'ai pu en tirer d'avantage. C'est, sur mon honneur, tout ce que ce maudit Zacharie a voulu m'en donner. Je te les remets fidèlement, en t'engageant toutefois à ne plus faire de folles dépenses ; car, si ce que tu m'as dit est exact, il ne te reste plus un seul diamant du fameux écrin.

— Ce n'est que trop vrai ; mais que veux-tu, mon pauvre ami ?... Ce damné tapis vert...

— Ne médis pas du tapis vert, Hippolyte : c'est ta planche de salut. Que dis-je ? c'est notre planche de salut, dans les cruelles circonstances où nous allons bientôt nous trouver... Mais si tu viens à fondre la cloche, que feras-tu de ta femme ?

— Cette pauvre Cécile ! je ne sais ce qu'elle deviendra... C'est dommage ! elle me plaisait beaucoup à moi... J'en ai été véritablement amoureux pendant plus de... trois mois.

— Enfin comptes-tu l'épouser ?

— Où diable veux-tu que je m'embarrasse d'une femme qui, d'après ce qui s'est passé, ne pourra jamais rentrer en grâce avec sa famille ?... Mais à Paris, une belle personne comme elle trouve toujours des ressources, et elle se tirera d'affaire, je t'en réponds.

— C'est rassurant pour elle.. »

Cette conversation fut tout-à-coup interrompue par la présence de Cécile, qui témoigna un peu d'humeur de ce qu'Arnoud l'avait laissée seule.

— Vous voyez, Hippolyte, que je n'ai pas été longue à m'habiller... Mais que ferons-nous ce matin?

— Nous irons, ainsi que nous en sommes convenus, déjeuner au café Hardy, avec l'ami Charles.

— Surtout, messieurs, point d'indiscrétion : je serais désolée que M. Charles fût désabusée sur mon sexe.

— Sois tranquille, Salmon est circonspect; c'est un garçon qui sait vivre... Mais on vient... Hé! c'est notre virtuose, c'est notre aimable voisin!

— Bonjour, mes amis, dit Charles; je viens m'informer de ce que vous projetez pour ce soir.

— Une partie de promenade au

bois de Boulogne : c'est arrêté depuis hier. Vous viendrez avec nous, n'est-ce pas ?

— Volontiers. Je vous rejoindrai dans une demi-heure ; il faut que j'écrive une lettre à mon oncle ; le cher homme doit s'impatienter de ma négligence.

— Au fait, c'est mal ; mais vous nous parlez bien souvent de cet excellent oncle ! Est-ce qu'il y aurait là-dessous quelque nièce ?... Vous souriez !... Ah! mauvais sujet !... il y a une nièce, je suis sûr.

— Hé bien ! oui ; mais ne plaisantez pas, ceci est sérieux, plus sérieux que vous ne pensez. Entre bons amis, entre jeunes gens, on se dit tout. Apprenez que je ne puis prétendre à la main de celle que j'aime : elle est destinée à un autre, à un Hambourgeois qu'on attend de jour en jour au château de mon oncle. Et jugez de ma position: mon oncle exige que je me rende auprès de lui pour signer au contrat comme témoin! Moi témoin! concevez-vous ?... Mais je n'irai pas! je me tuerai plutôt! Je n'ai point de fortune; je dépends absolument de mon oncle... Oh! si je voulais pourtant! si je consentais à quitter la France, un riche parti s'offre pour moi.

— Où donc?

— A Hambourg... Mais qu'avez-vous donc, messieurs?... Pourquoi cet air stupéfait?... J'ai peine à concevoir l'étrange effet que ce que je viens de dire semble produire sur vous!... Il est vrai cependant que la chose est bizarre; mais soyez tranquilles ! je ne partirai pas. J'éprouve une sorte d'aversion pour la femme qu'on me destine.... Que m'importe un établissement qu'il faudrait partager avec une autre qu'Amélie !

— A ce mot, Cécile chancela et se laissa tomber sur un canapé.

— « Hippolyte, dit Salmon à voix basse, as-tu entendu ? il a dit Amélie.

— Je le sais bien... Amélie !... un Hambourgeois !... et lui qui se nomme Charles !... étrange rapprochement !

— Que dites-vous tout bas, messieurs !

— Nous parlons de votre position ; elle est vraiment embarrassante... Ainsi donc, mon cher Charles, vous n'irez pas voir votre oncle ?

—Non; je me décide à lui écrire. Il m'en coûterait trop d'assister au bonheur d'un rival!... Il m'en coûterait aussi beaucoup de me séparer de vous, mes amis! c'est vous qui m'avez distrait de mes chagrins.

— Hebien! Charles, allez écrire votre lettre; nous vous attendrons; puis nous sortirons tous ensemble, pour ne pas nous quitter de la journée.

—C'est bon, mon cher Arnoud. Je ne serai pas long; venez me prendre dans un quart d'heure. »

Il sortit en courant.

— « Nous sommes seuls, reprit Arnoud; concertons-nous. Quel est votre avis sur la conduite à tenir maintenant vis-à-vis de ce Charles qui, bien évidemment, est le neveu de M. Ravel, l'ancien associé de M. Bremmer ?

— Je frémis ! s'écria Cécile... Quoi ! Charles serait réellement...

— Oh ! rien n'est plus certain... et d'ailleurs, y eût-il doute, il faut prendre nos précautions.

— O ciel ! s'écria Cécile, dans quel abîme suis-je tombée !... Tenez, Hippolyte, si vous m'en croyez, nous partirons pour Saint-Bon aujourd'hui même.

— Encore, Cécile !... Je vous ai déjà dit que cela n'est pas possible. J'ai des affaires importantes à terminer d'ici à quelques jours. Salmon peut vous le dire ; il le sait bien.

— C'est la vérité pure, ajouta Salmon. J'en donne ma parole d'honneur.

— Pourtant, continua Cécile, le rôle que je joue me devient insupportable... ce rôle...

— Est nécessaire, entendez-vous, Cécile ! dit Hippolyte d'un ton impérieux... Gardez-vous de me contrarier. Vous êtes à moi, et vous devez n'avoir d'autre volonté que la mienne. »

Cécile, effrayée de l'air menaçant de son amant, répandit un torrent de larmes; mais Arnoud, changeant tout-à-coup de manières, parvint à la consoler. Il se jeta à ses pieds, lui prodigua les plus tendres caresses, et obtint son pardon.

Cependant M. Ravel, qui venait de s'habiller, se fit conduire à l'appartement de Charles. Comme il entrait dans l'antichambre de son neveu, Charles sortit de sa chambre, tenant une lettre à la main.

— Mon oncle! s'écria-t-il; ah! c'est vous, mon cher oncle! »

Et il se jeta dans ses bras.

— « Oui, oui, étouffez-moi, monsieur, pour que je ne vous gronde pas.

— Oh! je mérite tous vos reproches, j'en conviens; mais, ajouta-t-il en lui montrant sa lettre, voici qui vous allait trouver pour moi... Je me disposais à faire mettre cette lettre à la poste; voyez, elle est à votre adresse.

— Pourquoi ne pas venir toi-même? N'est-ce pas dans les convenances que tu assistes au mariage de ta cousine? D'un moment à l'autre mon gendre peut arriver; que ferais-tu à Paris? Quels sont les jeunes gens qui demeurent dans cet hôtel, et avec lesquels tu as été hier à Montmorency?

— Ce sont les meilleurs enfans du monde, et il vous suffirait de les voir pour avoir d'eux une opinion favorable.

— Je ne suis nullement curieux de les connaître. Je n'ai rien de plus pressé que de repartir pour ma terre.... Tu me suivras : je suis venu te chercher ; je ne pars pas sans toi.

— Vous me voyez désespéré, mon oncle, de ne pouvoir vous accompagner ; mais je ne puis m'y résoudre.

— Je croyais vous avoir prouvé qu'orphelin et sans fortune, vous deviez vous estimer encore heureux, monsieur, de pouvoir, en vous mariant, succéder à la maison de commerce de mon vieil ami Bremmer. Vous rejetez ce parti, le seul raisonnable que vous ayez à prendre... Allons, Charles, il faut me suivre.

—Non, mon oncle, dussé-je encourir votre disgrâce, je ne vous suivrai pas!

— L'ingrat! il ose me braver... c'est affreux! »

Arnoud, Cécile et Salmon arrivèrent précipitamment au milieu de cette scène, et en faisant beaucoup de bruit.

— « Qu'est-ce qu'il y a? dit Arnoud.... Est-ce qu'on se dispute ici?

— Dites-moi, mon neveu, quels sont ces trois jeunes gens?

—Ce sont mes amis, avec qui je devais déjeuner.

— Ah! ah!..... Approchez, mes

sieurs. Vous vous trompez : on ne se dispute pas ici ; c'est un oncle qui se permet de faire quelques remontrances à son neveu... Mais que vois-je ! Est-il possible !... Le fils de mon correspondant, mon futur gendre, Georges Bremmer.... à Paris!

— Que dit mon oncle ?... Comme il considère Georges !

— Plus de doute ! c'est lui, c'est Georges... Hé! mon cher ami, vous voilà !

— Monsieur, répond Cécile en balbutiant... je... je ne sais... Dieu! quel moment !

— Hé bien ! Georges, vous ne me reconnaissez pas?.. Je suis Ravel, l'ami de votre père, de cet excellent Bremmer. »

Cécile, éperdue, se jette dans les bras de M. Ravel.

— « Ah ! monsieur ! s'écrie-t-elle....., oui, oui, je vous reconnais.

— A la bonne heure, donc ! Qu'il me tardait de vous voir, mon cher ami !..... Embrassons-nous, mon gendre.

— Son gendre ! s'écrie Charles.... Quoi ! ce serait en effet !... Je ne reviens pas de ma surprise.

— Il est étrange, Georges, dit Arnoud, que vous répondiez si froidement à l'amitié que vous témoigne monsieur.

— Vous me voyez, messieurs, dans le ravissement. Le gendre que j'attendais de jour en jour, le voilà ; c'est Georges Bremmer, c'est ce bon Georges que j'ai vu naître, c'est le fils de mon ami, c'est lui... Mais embrasse-moi donc! embrasse-moi donc! »

Arnoud pousse Cécile dans les bras de M. Ravel, qui la presse sur son sein.

— « Comme il s'est fait attendre! continue le vieillard.... Pourquoi donc n'être pas venu directement au château de Roussy-le-Sec? Savez-vous que c'est affreux! que c'est même... bien mal!... Je devrais vous gronder, monsieur Georges.

— Ah! monsieur... excusez-moi... mais... des circonstances....

— N'accusez que moi, monsieur, reprend Arnoud, de ce qui vous semble une négligence. M'étant lié avec Georges à Hambourg, où j'étais en garnison, et ayant quitté cette ville le même jour que lui, nous sommes arrivés ensemble à Paris, et c'est par amitié pour moi qu'il ne s'est pas rendu de suite auprès de vous.

— Vous êtes militaire, monsieur?

— Je suis capitaine démissionnaire.

— Pourquoi avez-vous détourné Georges de venir chez moi? Il aurait pu vous y amener, et vous eussiez été bien reçu.

— Je n'en doute pas, monsieur; mais, selon moi, avant de contracter un engagement sérieux, il faut qu'un jeune homme fasse ses adieux au monde, qu'il prolonge son dernier jour de célibat, son dernier dîner de garçon... C'est ce que faisait Georges.... oh! bien malgré lui!.... Je vous le rends stylé aux usages de Paris. C'est maintenant un gendre comme il vous le faut, un gendre rare, je vous assure, et qui vous fera beaucoup d'honneur.

— C'est bien ainsi que je l'entends.... Mais il n'est pas à plaindre !... Ma fille....

— Est charmante, sans doute. Toutefois, monsieur, convenez que Georges, qui a eu peu d'occasions de la voir, est bien excusable d'avoir mis quelque peu d'empressement à se rendre auprès d'elle.... Hein ! n'est-ce pas que vous l'excusez ?

— Mais... mais... je ne dis pas...

— Georges ! ton beau-père t'excuse.

— Malheureux que je suis ! s'écrie Charles en lançant un regard furieux sur Cécile, j'étais donc l'ami de mon rival !

— Allons, allons, monsieur Charles, soyez plus raisonnable, et calmez-vous... Il n'y a pas de la faute de Georges dans tout ceci.

— Oublions tout, reprend M. Ravel. Ma terre n'est qu'à dix lieux d'ici. Partons aujourd'hui, à l'instant même, mon gendre... Et toi, Charles, je t'emmène aussi.... oh! de gré ou de force, tu me suivras... Il faut que tu sois témoin du bonheur d'un ami.... car Georges est ton ami... Quant à vous, monsieur le capitaine, vous êtes des nôtres, cela va sans dire, et vous aussi, monsieur; enfin je vous emmène tous. Quel plaisir! quel bonheur! ne le retardons pas. Nous déjeunerons en route. Vous allez monter dans ma voiture; elle est assez grande pour nous contenir tous les cinq, et nous arriverons à Roussy avant l'heure du dîner.

— Vous ne doutez pas, reprend Cécile en baissant les yeux, de la joie... que j'éprouve... mais, monsieur....

— Appelle-moi ton père, mon cher Georges... Je le suis du jour où je te donne ma fille... ma fille... et cinq cent mille francs de dot, laquelle somme sera comptée par moi après la cérémonie.

—As-tu entendu? dit mystérieusement Salmon à Arnoud ; cinq cent mille francs !

—Voilà qui devient intéressant ! Il n'y a pas à balancer, il faut que nous partions tous. »

Arnoud et Salmon joignirent leurs instances à celles de M. Ravel, et après beaucoup de difficultés de la part de Charles, et des marques de répugnance de celle de Cécile, ils montèrent tous les cinq dans la voiture, qui prit la route de Roussy-le-Sec.

---

## CHAPITRE XXXII.

---

Julie, en traversant le salon du château de Roussy, aperçut le vieux Bertrand qui, le plumeau sous le bras, était immobile, regardant en l'air par une croisée.

— « Hé bien! lui dit-elle en lui frappant sur l'épaule, qu'est-ce que vous faites donc là à bâiller aux corneilles?

— Je cherche, mam'selle, à voir l'heure au cadran de la paroisse. Vos pendules ne sont jamais d'accord; les unes avancent, les autres retardent. Quant à moi, je me guide toujours sur ce cadran; mais je n'ai plus mes yeux de vingt ans, car d'ici je ne puis distinguer l'heure. Vous qui les avez aussi bons que beaux, mam'selle, faites-moi donc l'amitié de me l'indiquer.

— Il est dix heures moins un quart... Mais comment se fait-il, Bertrand, que vous n'ayez pas encore fini de ranger ce salon? Ces jeunes gens, arrivés d'hier avec M. Ravel, vont bientôt descendre.

Il faut que tout soit en ordre ici pour les recevoir.

— Allons, allons, voilà comme vous êtes toujours, vous!... vive, emportée avec le pauvre monde! Dites donc, mam'selle, continua-t-il, savez-vous qu'il est fort joli garçon, le prétendu de mam'selle Amélie? Il a l'air d'une demoiselle.

— Il est fort bien; mais un peu timide... un peu rêveur... et distrait au possible; mais ça lui sied... Vrai, je le trouve bien intéressant... pour un Allemand.

— Qu'est-ce que vous dites donc, un Allemand?... Il parle français aussi bien que moi.

— Oh! oui, j'ai remarqué qu'en effet il parle aussi bien que vous;

cela ne doit pas vous surprendre : son père est né en France.

—Hé bien ! pour le fils d'un Français, il n'est pas très-gai..., et c'est ben étonnant pour un épouseur.

— C'est vrai... Cependant j'en sais plus d'un qui, à sa place, ne se posséderait pas de joie d'épouser mademoiselle Amélie... M. Charles, par exemple, si on la lui donnait même sans dot.

— Ah ! tenez, ne m'en parlez pas... Ce pauvre M. Charles ! il me fait de la peine... Mais le malheur, c'est qu'il n'est pas riche et qu'il dépend de son oncle ; tandis que c't'autre amoureux d'Allemagne a des espèces, lui.

— L'argent, toujours l'argent ! Oh ! la fortune est bien injuste !

— C'est ce que dit comme ça

not' vieux bucheron de la forêt, quand il part au bois avec son hache. Ah! qu'y dit, dit-il, la fortune est ben injuste ; elle m'a ben maltraité!... Et puis, il soupire, il gémit, et de grosses larmes lui roulent dans les yeux... C'est que, sans doute, c'brave homme était riche autrefois, et qu'il aura eu des malheurs..... C'est pas l'embarras, maintenant il n'a pas tant à s'en plaindre de la fortune, l'cher homme! Malade comme il l'a été pendant plus d'un mois, tout autre à sa place serait devenu mort. Lui, pas si bête, il en réchappe... Il est vrai, gâce aux soins paternels de mam'selle Amélie... Mais il n'est point ingrat, le vieux : il n'est sur pied que depuis deux jours, et le v'là qui va venir à ce matin, pour remercier sa jeune bienfaitrice des soins qu'elle lui a fait donner.

— Comment savez-vous qu'il doit venir ?

— Par le petit Pierre Lescot, qui, comme à l'ordinaire, est venu ce matin au château chercher les provisions destinées au pauvre convalescent.

— Ce petit Pierre Lescot est fort gentil.

— C'est ce que tout le monde dit... Sans l'vieux bucheron cependant, il eût été ben à plaindre ; car qu'est-ce qui en aurait pris soin ? C'brave homme qui venait de je n'sais où et qui était un ancien ami du père Lescot, était depuis deux mois chez lui, quand il vint à mourir d'une attaque d'apoplexie. Dès ce moment, l'vieux, qui a remplacé le défunt dans son métier de bucheron, a continué à habiter sa cabane avec le petit Pierre, et il faut rendre justice à ce brave homme; il a montré à l'enfant des choses que son père n'aurait jamais pu lui apprendre.

— Ah ça! mon cher Bertrand, en causant avec vous, j'oublie l'heure de la toilette de mademoiselle Amélie.

— Pas la toilette de mariée, j'espère!... C'est pour demain la grande affaire.... Tout le monde sera sur pied de grand matin. A sept heures, la cérémonie! et puis après viendront les divertissemens.

— Oui, c'est arrêté; mais, en attendant, il ne faut pas faire peur la veille d'un mariage... Je cours habiller ma maîtresse.

— Voilà du monde qui vient... Hé! c'est les trois messieurs d'hier qui descendent!... Qu'il a l'air triste le prétendu!... Laissons-les libres.»

Cécile, confuse du rôle qu'on lui faisait jouer, et déchirée par les remords, s'avançait à pas lents, la tête penchée sur la poitrine et les yeux baissés vers la terre.

— «Allons, Cécile, lui dit Arnoud, rappelez votre courage! vous en avez besoin, car le moment approche. Si vous ne montrez pas plus de caractère, vous ferez tout manquer.

—Hippolyte a raison, mademoiselle, reprend Salmon; ce rôle, il faut absolument le continuer.

—Mais enfin, mon cher Hippolyte... me direz-vous...

— Je pourrais peut-être me dispenser de vous faire connaître mes projets, Cécile. Je ne sais comment m'expliquer votre défiance... elle m'est injurieuse au dernier point... Je vous ai dit et je vous répète qu'il s'agit ici d'une affaire majeure... d'une affaire qu'il est important, pour nous tous, de mener à fin.... Réfléchissez bien à ceci : vous nous perdriez l'un et l'autre, en arrêtant le plan que j'ai formé... Ne m'interrogez pas, et croyez bien plutôt que du succès de l'entreprise où vous vous trouvez engagée dépend votre bonheur et le mien.

— Ainsi donc, c'est une intrigue !... ô honte !

— Hé oui ! si vous voulez, c'est une intrigue ; mais ne faut-il pas que j'intrigue, si je ne veux pas tomber dans la misère ?

— Que dis-tu ?

— Cette misère, tu la partagerais avec moi, je le sais... Mais, que je souffrirais, mon Dieu, en te voyant dans l'indigence, toi qui m'as tout sacrifié ! Non, je ne puis me faire à cette idée déchirante ! elle m'épouvante ! J'aurais cœur à tout supporter ; mais toi, ma Cécile, toi réduite au sort le plus misérable... Jamais ! De grâce, mon amie, soutiens jusqu'au bout ce personnage... difficile, je le sais, mais nécessaire... nécessaire, entends-tu ? Faut-il te l'avouer, Cécile ? il y va pour moi de la vie ou de la mort.

— Arnoud, vous m'effrayez !... Arnoud, dites-moi...

— M'aimes-tu, Cécile ?

— Ah ! si je t'aime ! As-tu donc oublié...

— Non, non; je me souviens de tout.... c'est pourquoi tu vas tout savoir.... Apprends qu'il y aurait danger à reculer maintenant..... Cécile, il s'agit de faire fortune ou d'être traînés devant les tribunaux... Choisis !

— Mon Dieu ! je tremble de deviner... Nous, devant les tribunaux !... Mais pourquoi? pourquoi?

— Si j'exigeais, Cécile, plus que tu n'as fait pour moi jusqu'à présent... si je te proposais de me suivre, dès demain, loin d'ici, en Italie, en Angleterre, en Amérique... dès demain.... réponds, que ferais-tu ?

— Encore fuir ! toujours fuir !... Au lieu de nous rendre à Saint-Bon, d'y attendre le retour de ton père... Car, enfin, ton père ne tardera pas à revenir de Naples... Il est riche, ton père; il est bon... il nous accueillera avec empressement.

— Hé! ne voyez-vous pas que je vous ai trompée?

— Trompée!... Il se pourrait!...

— Oui, Cécile; je vous adorais: je voulais vous posséder à tel prix que ce fût, et pour parvenir à ce but tant désiré, j'ai employé tous les moyens qui pouvaient vous déterminer à me suivre.

— Il a eu raison, mademoiselle, ajouta Salmon; à sa place, j'en eusse fait autant: sans cela, il eût été obligé de renoncer à vous.

— Enfin, Hippolyte, dites-moi où est votre père?

— Je n'en sais rien: nous nous sommes mal quittés.... D'ailleurs, faut-il vous le dire ? mon père n'a rien.

— Hé quoi ! vous m'en imposiez !

— Il le fallait bien... Tenez, Cécile, nous n'avons plus de ressources... qu'en notre industrie. Il faut quitter la France... il faut voyager.... La dot d'Amélie nous servira.

— Malheureux ! de quelle dot veux-tu parler ? Il ne te reste donc rien de ton opulence passée ? Tout cet argent que nous avons dissipé... d'où provenait-il ?

— Parbleu ! reprit Salmon, il est inutile de vous le cacher plus longtemps... Cet argent était le produit de l'écrin de votre mère.

— Ah ! s'écrie Cécile en tombant dans un fauteuil... un vol !

— Taisez-vous, Cécile! dit Arnoud... Vous nous perdez.

— C'était un vol!

— Taisez-vous, vous dis-je! il y va de votre sort.

— Grand Dieu! à qui me suis-je livrée?

— A un homme dont la destinée est à jamais liée à la vôtre.

— Misérable! retire-toi!

— Rien ne peut nous séparer.

— Mais je suis une femme perdue, moi, déshonorée! Je ne supporterai jamais le poids de ma honte!

— Il faut vous résigner, Cécile, et surtout rappeler votre courage... Rien à perdre ici.... Tout à gagner!... Criminel ou non, il faut me suivre..... il faut fuir avec la dot.

— Jamais je ne me prêterai à tant d'infâmie !

— Prenez garde, Cécile ! c'est mon arrêt de mort que vous prononcez là !... c'est le vôtre aussi... Croyez-vous que j'attendrai l'heure de mon arrestation pour mettre fin à mes jours ?... Non, non ! encore un refus comme celui que je viens d'entendre, et je me tue... ici... devant vos yeux !

— Quoi ! misérable, tu oserais !...

— Oui, ajoute-t-il en armant un pistolet de poche dont il place le bout sur son front, oui, puisque vous le voulez, vous allez jouir du spectacle de ma mort, et vous serez livrée seule aux poursuites de la justice.... et à vos remords...., car vous en aurez des remords..... Adieu !...

— Grâce ! grâce ! s'écrie Cécile en détournant le pistolet... Malheureux ! je ferai tout ce que tu voudras ; mais, par pitié, ne te tue pas.

— Vous consentez donc, Cécile ?...

— Il le faut bien... C'est atroce, je le sens ; mais telle est ma destinée !... il faut que je devienne complice de ton crime !

— Allons, se dit Salmon à lui-même, la tentative de suicide a produit son effet ! Hippolyte n'est pas maladroit.

— Pourrais-je te survivre, Hippolyte !... Oh ! non... et tu l'as dit toi-même : mon sort est irrévocablement lié au tien.... Criminel, tu m'entraînes avec toi... Dispose donc de celle que tu as perdue sans ressource... Aussi bien, la honte me suivrait partout jusqu'auprès de mon père que j'ai déshonoré, et que tu as indignement trompé... Plus de honte! car toute retraite est fermée devant la pauvre Cécile; tout retour vers le bien lui est à jamais interdit; tous les liens qui l'attachaient à la société sont rompus!... Je t'appartiens, Hippolyte... je suis à toi; je t'obéirai en esclave... Plus de honte! plus de remords!

— Bien! continue Salmon à part... bien cela! à la bonne heure... Au moins, voilà une petite femme qui promet.

— Ma Cécile, reprend Arnoud en la serrant dans ses bras, mon amour te dédommagera de tout ce que je t'ai fait souffrir, et une fois hors de France, je te promets.....

— Hippolyte, et vous, mademoiselle, dit Salmon, cessez cet entretien, et surtout calmez-vous; car voilà M. Ravel et son neveu qui viennent.

— M. Ravel! entendez-vous, Cécile? Remettez-vous; ne vous trahissez pas... Songez qu'il y va de notre sûreté... Ainsi, de l'assurance et du sang-froid! »

Arnoud alla au-devant de M. Ravel, et serra les mains de Charles.

— « Vous voilà donc? messieurs, leur dit-il... Vous allez sans doute, mon cher hôte, nous demander comment nous nous trouvons du séjour de la campagne..... Très-bien... Mes amis et moi nous admirons votre belle propriété; c'est un site enchanteur, c'est un air délicieux.

— N'est-ce pas ?... Oh! j'étais sûr que cela vous plairait.

— Georges, continue Arnoud en poussant Cécile vers M. Ravel... embrassez donc votre beau-père. Vous voyez bien qu'il vous tend les bras.

— Bonjour, Georges, bonjour, mon gendre. »

Il embrasse Cécile plusieurs fois.

— « C'est demain, mon ami !... Mais pourquoi ce trouble..... cette agitation? Qu'as-tu donc, Georges? tu trembles comme si tu avais fait un mauvais coup.

— Moi, monsieur..... je suis agitée?

— Sans doute, et je ne comprends rien à ton air de tristesse, la veille d'un mariage.

—Cela ne doit pas vous étonner, reprend Arnoud... C'est l'impatience... bien naturelle...

— Il me tarde, en effet, de sortir de l'état où je me trouve, dit Cécile...

— Voilà ma fille... Arrive donc, Amélie! Ton prétendu brûle de te rendre ses hommages. »

Amélie, après avoir embrassé son père, fait une profonde révérence à la société et regarde Charles en souriant.

— « Messieurs, reprend M. Ravel, voici ma fille unique, ma chère Amélie, dont il faudra peut-être me séparer bientôt.

—Pourquoi donc, monsieur? dit Cécile. Il serait cruel de vous priver de celle que vous aimez tant!.. Il est si doux de vivre au sein de sa famille! Croyez-moi, que mademoiselle Amélie reste toujours auprès de vous! Oh! qui plus que moi peut sentir combien le cœur souffre de telles séparations!

— Véritablement, il y a du bon dans mon gendre, continue M. Ravel... Mais je crois qu'il est temps de le laisser seul avec ma fille : je veux ménager un tête-à-tête entre les jeunes gens; il n'est pas mal qu'ils se connaissent un peu avant de s'épouser. Qu'en pensez-vous, messieurs?

— Je ne sais, répond Arnoud, s'il ne serait pas inconvenant...

— En aucune manière; au point où ils en sont, il n'y a nulle inconvenance... Ma fille, ces messieurs sont curieux de voir les préparatifs de la fête que je donne demain ; je vais les conduire au bout du parc... Toi, mon neveu, marche devant nous, et surtout montre-nous un visage moins sombre. »

Lorsque Cécile fut seule avec Amélie, elle éprouva un embarras affreux. Ne sachant comment entamer la conversation, et répugnant à la tromper, elle était dans une cruelle incertitude ; tantôt prête à se jeter à ses pieds et à lui tout avouer, tantôt redoutant un éclat dont les suites l'effrayaient. Elle se décida enfin à rompre le silence.

— « Mademoiselle, dit-elle, une situation comme la mienne est bien étrange !..... Vous, destinée dès long-temps à l'hymen d'un homme que vous ne connaissez pas, que vous n'avez jamais vu... Moi, venu de Hambourg en France pour me marier. Une suite si bizarre d'événemens a de quoi étonner.

— Monsieur, vous avez raison : tout ceci est extraordinaire ; mais votre volonté seule, autant que je puis en juger, vous a conduit en France.

— Ma volonté....., dites mon amour, un amour insensé, une passion ardente, profonde, qui ne finira qu'avec ma vie.

— Mon Dieu ! se dit Amélie à elle-même, il est réellement amoureux de moi ! Quel malheur ! je croyais, au contraire...

— Ecoutez, reprend Cécile, en lui saisissant le bras..... Vous ignorez peut-être jusqu'où peut entraîner une passion violente.... une passion long-temps combattue, et qui se fait jour malgré tous les obstacles.

— Hélas ! monsieur, j'ignore ce que vous voulez dire. Je crois qu'il doit être aussi terrible d'inspirer que d'éprouver une passion semblable.. Mais je ne vous comprends pas.

—Non, sans doute, vous ne comprenez pas, vous ne pouvez pas comprendre ce qu'une âme comme la mienne peut souffrir en ce moment... Ah ! ne le comprenez jamais... Si vous saviez... l'enfer est dans mon cœur.

— Quel langage ! Ce jeune homme est-il fou ? Il me fait de la peine.

— Savez-vous, Amélie, ce que m'a conseillé cet amour impérieux?

Il m'a fait quitter mon vieux père !

— Je le savais.

— Vous le saviez !.... Ah ! oui, oui... j'oubliais.... c'est vrai, vous le saviez... Mais ce qu'on souffre lorsqu'on a renoncé à la terre natale, lorsque tout espoir d'y revenir vous est ravi pour jamais, le savez-vous aussi? Amélie, n'est-ce pas que je suis bien bizarre?... n'est-ce pas que je vous fais horreur?

— Vous ne le pensez pas, monsieur. Votre originalité me surprend sans doute, mais elle n'a rien qui inspire l'éloignement..... Mon Dieu ! mon Dieu ! que cet homme est inconcevable !

— Si je vous dévoilais l'état de mon cœur ! si je vous déclarais ce que tout le monde ignore, ce que je m'avoue à peine à moi-même ;

si mon amour s'expliquait..... Vous reculez! Oh! ne craignez rien! je suis, il est vrai, indigne de votre pitié; mais je suis si à plaindre, si infortunée!... Non, il n'est pas de situation semblable à la mienne..... Ecoutez-moi, du moins. Un terrible aveu pèse sur mon cœur; de grâce, écoutez-le, cet aveu que je ne puis tarder plus long-temps à vous faire! Je ne saurais trop m'abaisser devant vous, et c'est à vos genoux.....

— A mes genoux!... Mais relevez-vous, monsieur... Je ne souffrirai point... »

De grands éclats de rire se firent entendre en ce moment à l'entrée du salon : c'était M. Ravel qui rentrait du jardin.

— « Messieurs, cria-t-il en se retournant, venez, venez vite, accourez ! cela va le mieux du monde. Je viens de surprendre mon gendre aux genoux d'Amélie... Bravo ! Georges, bravo ! mon ami ; c'est à merveille ! Au moins tu as bien employé ton temps. »

Sur ces entrefaites, on vint annoncer que le vieux bûcheron de la forêt demandait à être introduit auprès d'Amélie. M. Ravel ordonna qu'on le fît entrer sur-le-champ.

— « Imaginez-vous, messieurs, dit-il à ses hôtes, un pauvre convalescent qui vient remercier ma fille des soins qu'elle lui a fait donner.

— Grand Dieu ! s'écria Arnoud en s'adressant à demi-voix à Salmon..... c'est mon père !

— Voilà une drôle d'affaire,

reprit Salmon. Mais tiens-toi bien ! ne va pas perdre la carte. »

M. Ravel alla au-devant du vieillard, et le fit asseoir dans un fauteuil, en lui témoignant beaucoup d'égards.

— « Hé bien ! mon vieil ami, lui dit-il, comment va cette santé? Savez-vous que vous n'êtes pas sage de sortir ainsi en pleine convalescence ?.... C'est imprudent.

— Que vouliez-vous, mon digne bienfaiteur, que je fisse dans ma retraite ? Me sentant beaucoup mieux, mon premier devoir n'était-il pas de venir vous remercier de toutes les bontés que vous avez eues pour moi ?.... C'est à vous que je dois mon rétablissement, ma bonne demoiselle..... C'est vous qui m'avez sauvé.

— C'est bien, c'est bien.... Remettez-vous tout-à-fait.... et surtout ménagez-vous.... Et le petit Pierre, en êtes-vous toujours content?

— Ah! mademoiselle, la société de cet aimable enfant fait ma consolation. Hélas! si j'avais eu un fils comme lui, je n'aurais pas éprouvé tant de malheurs.

— Votre fils vous a donc causé bien des peines?

— Pourquoi, Amélie, lui parles-tu de son fils? tu sais bien que cela l'afflige.

— Calmez-vous, brave homme, continua M. Ravel; nous sommes vos amis; nous ne vous abandonnerons pas.... Ménagez-vous; ne reprenez vos travaux qu'après avoir entièrement recouvré vos forces.... entendez-vous? Je l'exige..... et

Amélie aussi.... Restez avec nous ; vous déjeunerez ici. Allons nous mettre à table. »

M. Ravel sortit le premier et fut suivi de Cécile, d'Amélie et de Charles. Quant à Arnoud et à son ami, ils ne savaient l'un et l'autre quelle contenance tenir en présence du vieillard qui, reconnaissant son fils, s'était levé tout-à-coup, et fixait sur son fils des regards foudroyans.

— « Dieu ! c'est lui, s'écrie-t-il, c'est mon indigne fils ! »

Arnoud se jette à ses genoux, et le supplie, à mains jointes, de ne point faire d'éclat.

— « Mon père, ajoute-t-il, pardonnez, si j'ai maîtrisé l'élan de mon cœur en présence de M. Ravel et de sa famille ; mais j'avais besoin de me justifier à vos yeux.

— Te justifier, misérable!

— J'avoue que je fus bien coupable...... mais je suis bien changé.

— Oui, monsieur, reprend Salmon, votre fils s'est entièrement amendé. Il est rentré dans la bonne voie. D'ailleurs, depuis son retour à l'armée, il vous a vainement cherché pour soulager votre misère. Votre fils vous aime au fond, et je connais ses remords.

— Ses remords! mon fils aurait des remords!

— Oui, mon père; je n'ai cessé de gémir sur ma conduite passée. Grâce à Dieu, je puis maintenant réparer le tort que je vous ai fait, et même vous tirer de la misère.

— Il se pourrait......

— Oui, monsieur, ajoute Salmon avec assurance; au lieu de vous plaindre, bénissez le ciel du changement qui s'est opéré en lui. Apprenez que M. le capitaine Arnoud est sur le point d'obtenir la croix d'honneur, que, de plus, il va être nommé officier supérieur.

— Oui, mon père : rougirez-vous maintenant de m'avoir donné le jour ? Est-ce quand je me présente à vous, repentant, que vous aurez le courage de me rejeter de votre sein ?

— Puis-je croire à un si heureux changement ? Il me serait si doux de retrouver mon fils !

— Vous l'avez retrouvé ce fils coupable, ce fils honteux de ses égaremens ! Ah ! dites que vous lui pardonnez ! »

Le vieillard, ému jusqu'aux larmes, se dégage avec peine des bras de son fils : il se lève et fait quelques pas pour sortir.

— « Où allez-vous, mon père ?

— Je regagne ma cabane....... Viens m'y trouver, et tâche de me convaincre de ton retour à la vertu.

— Demain, au point du jour, j'irai implorer mon pardon et vous demander votre bénédiction... En attendant, prenez cette bourse..... prenez, je vous supplie !... Indiquez-moi aussi où est située votre chaumière ?

— A une demi-lieue d'ici ; en sortant de ce village, à gauche derrière l'église, il y a un chemin de traverse qui mène directement au quartier de la forêt que j'habite : une croix de fer dominant une fondrière, voilà des indices. Guide-toi là-dessus. Ma demeure est peu éloignée du lieu que je t'indique..... Deux cents pas environ..... Mais j'entends sonner la cloche..... M. Ravel vous attend; je me retire, adieu! —

— A demain, mon bon père! »

Hippolyte embrasse son père avec les marques des plus vifs transports, le reconduit jusqu'au perron, et revient auprès de Salmon.

Pendant le déjeuner, M. Ravel chercha vainement à faire partager sa gaîté à ceux qui se trouvaient réunis à sa table. Il n'y eut qu'Arnoud et Salmon qui soutinrent la conversation sur le même ton que lui. Amélie, dont la figure était calme, semblait ne prendre aucune part à ce qui se disait. Cependant ses regards s'arrêtaient quelquefois sur son cousin, qui, ne pouvant cacher son humeur jalouse, était dans une grande agitation. Quant à Cécile, elle était d'une tristesse mortelle, et son amant eut lieu de craindre qu'elle ne finît par se trahir. Dès qu'on se leva de table pour passer dans le jardin, il l'entraîna dans un bosquet solitaire.

— « Cécile, lui dit-il avec l'accent d'une fureur concentrée, je ne le vois que trop, j'aurais tort de compter sur vous... Si vous ne vous sentez ni la force ni le courage de soutenir plus long-temps votre rôle, courez vous jeter aux pieds de M. Ravel, publiez partout votre honte, attirez des malédictions sur votre tête. Vous en serez quitte pour être ignominieusement chassée de cette maison, et pour errer à l'aventure dans un pays qui vous est inconnu, et où vous serez réduite à implorer la pitié des âmes charitables, ou à mourir de faim. Quant à moi, qui suis las d'une vie que vous abreuvez de dégoûts, mon parti est pris. Je vais vous montrer, Cécile, comme un homme de cœur sait sortir d'embarras quand il ne lui reste plus d'espoir. »

Il saisit son pistolet; mais Cécile l'arrête et le supplie de ne point attenter à ses jours.

— « Je ferai tout ce que tu voudras, lui dit-elle : n'es-tu pas mon mauvais génie? Hé bien! cesse de te plaindre de moi; je vais me précipiter avec toi dans la carrière du crime.

— Rassure-toi, Cécile. Ce n'est qu'un moment critique à passer. Demain nous partirons pour l'Italie, où, sous des noms supposés, nous coulerons des jours heureux.

— Hélas! il n'est plus de bonheur pour moi.

— Hé bien! mon gendre, dit M. Ravel à Cécile, qu'il cherchait depuis long-temps, il semble, en vérité, que vous nous évitiez à dessein. Vous n'êtes guère galant avec ma fille; elle mérite cependant votre attention, et je suis étonné....

— Pardon, monsieur; mais mon ami avait quelque chose à me dire.

— Votre ami! votre ami! c'est fort bien d'avoir des amis... Passe encore pour aujourd'hui, monsieur Georges; mais demain, le devoir avant l'amitié....

— Demain, monsieur Ravel, reprend Arnoud, Georges ne s'exposera plus à de pareils reproches.

— Je l'espère.... Mais allons rejoindre ma fille. »

Pendant que cette scène se passait dans le bosquet, une conversation animée s'engageait entre Charles et Amélie, sur l'indifférence et le caractère singulier du prétendu Georges. Charles ne pouvait concevoir un tel mariage, auquel Amélie n'apportait, de son côté, d'autre disposition qu'une soumission aveugle aux volontés de son père.

Le dîner fut moins triste que le déjeuner. Cécile se contraignait davantage; elle parvint même à composer son visage, et M. Ravel se réjouit de ce qu'enfin, disait-il, son gendre se déridait. Cependant elle perdit plusieurs fois contenance en entendant faire son propre éloge, et sans Arnoud, qui prenait la parole pour elle, son embarras eût été remarqué. La soirée fut employée à une promenade sur l'eau, et lorsqu'on revint au salon, on fit quelques parties de jeu. Comme les mariés devaient se rendre le lendemain, de bon matin, chez le maire, on se retira de bonne heure. Amélie et son père dormirent d'un sommeil paisible; mais ni Charles, ni Cécile ne purent fermer l'œil. L'un était tourmenté par l'idée de voir celle qu'il adorait prête à passer dans les bras de son rival; l'autre était en proie à tout ce que le remords a de plus déchirant. Quant aux deux misérables dont les projets étaient si criminels, l'action infâme qu'ils méditaient ne les empêcha point d'être frais et dispos à leur réveil, qui eut lieu au point du jour. Ils furent sur pied vers les six heures, sortirent, sans être vus, par une petite porte du parc, et prirent le chemin que le vieux bûcheron leur avait indiqué.

---

## CHAPITRE XXXIII.

—

Pierre Lescot, après avoir puisé de l'eau à une source qui sortait d'un rocher situé dans la forêt, à peu de distance de la croix de fer, retournait à la cabane du bûcheron, lorsqu'il vit, à quelque distance, un homme couvert de poussière, tenant sous le bras un sac de voyage, et s'asseyant sur un tronc d'arbre en s'essuyant le front. Cet étranger l'appela en lui faisant signe de venir à lui. Pierre revint aussitôt sur ses pas.

— « Excuse-moi, petit, si je te détourne un instant de ton chemin, lui dit-il; mais je suis égaré dans cette forêt.

—Où allez-vous donc, mon beau monsieur?

— A Roussy-le-Sec.

— Vous n'en êtes plus qu'à une demi-lieue.... Tenez, regardez le poteau qui est auprès de cette croix de fer : il indique le chemin de Roussy.

— C'est vrai; je ne l'avais pas

remarqué... Merci, mon petit ami... mais je suis si fatigué, que je vais me reposer un moment; il fait si chaud!....

— Il paraît, monsieur, que vous venez de bien loin?

— J'arrive d'Allemagne.

— Chez qui allez-vous donc à Roussy?

— Chez M. Ravel; le connaissez-vous?

— Si je connais ce bon M. Ravel! Oh! certainement, monsieur! Qu'est-ce qui ne connaît pas M. Ravel? Il fait tant de bien dans ce pays! Depuis qu'il y est, il n'y a plus de malheureux. C'est lui et mademoiselle Amélie, sa fille, qui ont donné tant de soins au père Arnoud dans sa maladie.

— Arnoud!.... Ce nom me rappelle un homme bien odieux ! je ne puis penser au perfide sans éprouver un sentiment d'horreur... Mais je me suis assez reposé pour me remettre en route.... Adieu, mon petit ami. »

Le voyageur prit le chemin de Roussy-le-Sec, et Pierre se disposa à regagner sa demeure ; mais à peine eut-il fait quelques pas qu'il vit l'étranger revenir précipitamment sur ses pas. Il avait l'air si agité que l'enfant, effrayé, se cacha dans un bosquet d'arbres qui ombrageaient la source où il venait de puiser de l'eau.

— « Dieu ! qu'ai-je vu ! s'écria l'étranger hors de lui.... Arnoud !... c'est bien Arnoud..... je l'ai reconnu..... Le voici qui s'avance ;

quelqu'un est avec lui.... Ah! traître! tu me rendras raison! »

Arnoud et Salmon s'arrêtèrent tout-à-coup à l'aspect de l'étranger.

— « Attends donc, Hippolyte, dit Salmon.... Il me semble que ce monsieur, qui nous regarde avec tant d'attention, veut te parler.

— En effet, il fixe sur moi des yeux....

— Évitons-le.

— Halte-là, messieurs, crie le voyageur en leur barrant le passage; vous n'irez pas plus loin!

— Damnation!... Dis donc, Salmon, cela ressemble terriblement à Georges Bremmer?... Oui! c'est lui, c'est le frère de Cécile.

— Ou plutôt Cécile elle-même. Quelle infernale ressemblance!

Hippolyte, comment vas-tu te tirer de là ?

— Qui êtes-vous donc ? dit Arnoud d'une voix forte et en s'avançant vers l'étranger... Est-ce vous, monsieur, qui m'arrêterez ?

— Oui, traître ! ce sera moi !.... Tu as le front de me demander qui je suis, Hippolyte Arnoud ! Te reste-t-il donc tant d'audace et si peu de mémoire que tu puisses me regarder sans pâlir, moi dont tu as déshonoré la famille ! N'importe, je me souviens, moi ! Il suffit !... Misérable ! qu'as-tu fait de Cécile ? qu'as-tu fait de ma sœur ?

— Votre sœur !.... Vous avez une sœur... C'est au mieux : laissez-moi passer.

— Hé oui ! laissez-nous passer, que diable ! ajoute Salmon.... avec votre sœur, vous perdez la raison, mon cher monsieur.

— Allez, vous, si bon vous semble; je ne vous connais point... Mais quant à lui!... Me diras-tu, Arnoud, où est Cécile?

— Écoutez, monsieur; on dit qu'il y a beaucoup de voleurs dans cette forêt; je vous soupçonne fort d'être de la bande. »

Arnoud tire de sa poche un pistolet qu'il arme.

— « Quoi! tu oserais...

— Oui, j'oserai tout, si vous persistez à rester devant moi debout comme cette croix de mauvais augure.

— L'infamie du traître me fait croire aisément aux menaces de l'assassin; mais moi aussi, je suis armé; regarde! »

Georges lui montre un pistolet; mais Salmon se jette entre eux.

— « Arrêtez, messieurs! à quoi bon s'entretuer?.. Que diable! Hippolyte, et toi aussi, désarme-moi ce pistolet... Monsieur va se déranger et nous passerons.

— Tu ne passeras pas, vil suborneur!... Crois-tu donc m'échapper ainsi? Je veux savoir de toi si le déshonneur de ma famille est au comble... si ma sœur que tu as séduite, tu l'as abandonnée..... ou épousée.

— Pardieu! cet interrogatoire me déplaît, et je vais en finir. »

Arnoud lève le bras pour ajuster Georges; mais Salmon le retient.

— « Allons donc, le tuer! dit ce dernier; quel enfantillage! modère-toi. Monsieur te demande si sa sœur est mariée : que ne lui réponds-tu ce qui est vrai : — « Oui, » mademoiselle votre sœur est ma- » riée. » — C'est bientôt dit, et monsieur, qui paraît tenir essentiellement à ce qu'on épouse sa sœur, nous laisserait passer probablement.

— Va pour la réponse !.... Oui, monsieur Georges Bremmer, vous pouvez m'en croire, quand je vous certifie, sur ma parole d'honneur, qu'au moment où nous parlons, Cécile est mariée.

— Est-il vrai ? ne me trompez-vous pas ?... Je ne comprends pas... mais avec qui ?

— Qu'il vous suffise de savoir qu'elle l'est...

— A telles enseignes, ajoute

Salmon, que la noce a lieu chez M. Ravel.

— Maladroit! dit Arnoud à son ami... pourquoi lui as-tu dit...

— Hé! bien m'en a pris de le faire parler. Il y allait sans nous.

— Un instant, monsieur, continue Arnoud en se jetant au-devant de Georges. C'est moi maintenant qui vous interdis le passage. Rebroussez chemin, ou je vous tue.

— Misérable! »

Georges lève son arme; mais Arnoud, qui le prévient, l'ajuste avec la sienne dont il lâche la détente; le coup part, Georges pousse un cri, chancelle, et va tomber auprès du bouquet d'arbres où Pierre se tient caché.

— « Tu l'as tué! dit Salmon..... Au diable! la méchante affaire!

— Tu l'aurais laissé aller, toi, n'est-ce pas?

— Non; mais que faire, à présent?

— Continuer notre route.... La chaumière de mon père est par là... Viens, suis-moi.

— Te suivre! non, sur mon âme... Rencontrés dans cette forêt, nous serions infailliblement pris pour les meurtriers... Au lieu de nous engager davantage dans ces fourrées suspects, rentrons au château. ..... D'ailleurs ton entrevue avec le vieillard serait longue, à ce que je prévois, retardés comme nous le sommes; et que ferait, pendant ce temps, Cécile livrée à elle-même? quelque imprudence peut-être; et nous serions perdus! Songe donc qu'elle est seule avec M. Ravel, qui lui compte les cinq cent mille francs de la dot... et puis notre absence, au commencement d'une fête, pourrait être remarquée..... Allons, viens-tu?

—Je te suis... Mais, pour plus de sûreté, ne laissons pas le corps sur cette place.

— Tu as raison. »

Ils s'emparent du corps et le transportent au pied de la croix de fer. Là, ils le soulèvent de nouveau et le jettent dans la fondrière. Arnoud, en se relevant, laisse tomber son chapeau.

— « Malédiction! s'écrie-t-il... mon chapeau qui roule dans ce ravin!

— Laisse-le, et fuyons. »

En ce moment une voix crie : « Pierre ! »

— « La voix de mon père ! ! ! Que devenir !

— Pierre ! Pierre !

— Hé ! oui, c'est ton père, dit Salmon en entraînant son ami. Il faut l'éviter, et même nous hâter de quitter le pays.

Ils se sauvent à toutes jambes, tandis que le vieux bûcheron arrive par le chemin qui domine la fondrière. Là, il s'arrête et appelle encore Pierre plusieurs fois.

— « Qu'est-il arrivé, mon enfant? lui demande-t-il... Il me semble avoir entendu un coup de feu.

— Oui... ils l'ont tué !

— Tué !

— Ils étaient deux assassins... Regardez au fond de cette fondrière; ils l'ont jeté là... c'est là... O mon Dieu ! j'entends, je crois, des gémissemens... oui, oui... je ne me trompe pas... c'est lui qui se plaint... J'ai peur. »

Le vieillard s'appuie contre la croix de fer et regarde en se penchant.

— « Oh ciel! s'écrie-t-il, un homme assassiné... Le malheureux! il est tout sanglant.

— Mon Dieu! mon Dieu! si nous pouvions le secourir!

— Il respire encore... Tâchons de le sauver. »

Le bûcheron descend dans le ravin, prend dans ses bras le blessé, ramasse le chapeau de son fils, et rassemblant toutes ses forces, parvient à gravir la fondrière. Il dépose ensuite Georges sur un banc de gazon.

— « Le malheureux! dit-il... Il

ne nous voit pas, il ne nous entend pas : il est évanoui. Oh ! si je puis le transporter jusqu'à ma chaumière...

— Je vous aiderai, père Arnoud. O pauvre jeune homme ! comme il est pâle !... il perd son sang... Mais ce chapeau que vous avez ramassé... c'est à l'homme qui l'a tué.

— C'est le chapeau de l'assassin, dis-tu ?

— Oui, il est tombé là-dedans quand ils y ont jeté le corps. »

Le vieillard examine attentivement la coiffe du chapeau, et aperçoit en frémissant le nom de son fils.

— « Malheureux père ! s'écrie-t-il, qu'ai-je lu ? Hippolyte !!!... Mon fils est l'assassin ! »

Après un long silence, il charge

Georges sur ses épaules, et gravit le chemin avec Pierre Lescot. Ils arrivent bientôt dans leur demeure, où ils donnent des secours au blessé.

Arnoud et Salmon étaient rentrés au château sans qu'on se fût aperçu de leur absence. Ils se promenèrent quelque temps dans le parc, et quand ils furent entièrement remis de leur émotion, ils se rendirent au salon, où se trouvait Bertrand.

— « Où sont donc messieurs Ravel et Georges? lui demanda Salmon.

— Ils sont, ainsi que mam'selle Amélie, de retour de la municipalité, où c'que le mariage a été fait. La mariée est remontée dans sa chambre pour faire sa seconde toilette, et mon maître vient d'emmener dans son cabinet le marié qui, chose ben étonnante, refusait obstinément de le suivre. C'est que vraiment M. Ravel s'est fâché pour de bon! Enfin, bon gré, maugré, le jeune homme l'a accompagné, et ils sont ensemble en ce moment. Quant au mariage à l'église, ça sera pour demain. Oh! nous aurons plusieurs jours de fête!...»

Dès que Bertrand fut sorti, Arnoud se promena de long en large, tournant de temps en temps ses regards du côté de la porte, et montrant la plus grande agitation.

— « Qu'as-tu donc, mon cher? lui demanda Salmon... Comme tu te tourmentes!

— J'avoue que je suis d'une inquiétude mortelle... Cécile... Dieu! si elle se trahissait!

— Sois tranquille... je suis sûr qu'elle se tirera d'affaire. Du moment qu'elle a eu le courage d'aller à la municipalité, elle soutiendra son rôle jusqu'au bout... Tiens; quand je te le disais!... regarde; la voilà qui vient à nous... Vivat! elle tient un porte-feuille!

— Je respire!... Hé bien! Cécile...

— Soyez content! dit-elle, je quitte M. Ravel; le crime est consommé... Voilà ce qu'il m'a remis... voilà ce qu'il m'a forcé de prendre.»

Arnoud saisit le porte-feuille et le mit dans sa poche. Cécile se jeta dans un fauteuil en se couvrant le visage de ses mains et en poussant des sanglots.

— « Hé! bon Dieu! dit Salmon, que vous êtes peu raisonnable, mademoiselle!

— Cécile, reprit Arnoud, remets-toi... calme cette agitation... Elle pourrait nous perdre.

— Laisse-moi; je ne sais comment maîtriser mon horreur.

— Cécile, vous me traitez mal... Vous êtes même injuste. Sans les circonstances, tout cela ne serait pas arrivé : mais que voulez-vous? c'est un moment de crise à passer; vous l'oublierez facilement quand vous serez hors de France.

— Moi, oublier mon crime!... oh! cela est impossible! J'aurai toujours là une voix qui me dira : tu es infâme!

— Quelle superstition ! s'écria Salmon.... En vérité, pour une femme d'esprit, vous avez d'étranges préjugés.

— Fuyons, dit Cécile en faisant quelques pas vers la porte ; viens, Hippolyte ; puisque je dois te suivre, arrache-moi au plus vite de ces lieux.

— Nous partirons aujourd'hui, Cécile, je te le jure ; dans une heure... Mais d'ici là....

— D'ici là... peut-être ne sera-t-il plus temps.

— Pourquoi donc?

— J'aurai parlé.

— Cécile, c'est donc ma mort que tu veux?

— Je crains tout de mes remords ; ils me poursuivent, ils me déchirent... Oh! partons, Hippolyte, partons!

— Encore quelques instans.... Quand tout le monde sera rassemblé... en sortant de table... il faudra saisir une occasion favorable... Alors nous partirons, et notre fuite pourra rester long-temps inaperçue... Il serait dangereux de disparaître à présent. De grâce, Cécile, encore quelques instans!

— Hé bien! oui... encore une heure de tortures... Tu le veux, j'y consens... Mais je ne réponds de rien... Ah! si les forces m'allaient manquer!

— Allons, rappelle ton sang-froid... J'entends quelqu'un... Hé! c'est monsieur Ravel! »

Salmon fait des réflexions sur les incertitudes de Cécile.

— « Au diable la confiance d'Arnoud ! se dit-il ; hypothéquer sa fortune et la mienne sur la discrétion d'une femme, quelle duperie ! Il faut que je mette ordre à cela.

— Hé ! hé ! mon gendre, s'écrie en entrant M. Ravel... je te trouverai donc toujours avec tes amis ! Je le vois, tu auras de la peine à y renoncer..,.. Bonjour, messieurs, bonjour. L'on ne vous a pas vus ce matin : mais n'importe. Pendant que vous étiez probablement à vous promener dans mon parc, nous n'avons pas perdu notre temps ; mais j'espère bien, par exemple, que demain vous assisterez à la cérémonie qui aura lieu à la paroisse.

— Nous nous garderons bien d'y manquer, répondit Arnoud.

— Ah ça ! ma fille va descendre

au salon : vous allez la féliciter, messieurs. Quant à toi, Georges, tu dois être là pour lui donner la main ; c'est de rigueur... Allons, viens.... Messieurs, vous m'excuserez. »

Arnoud serra la main de Cécile, qui accompagna en tremblant M. Ravel.

— « Allons, dit Salmon, encore une douleur !... Chaque fois que Cécile est avec notre hôte, il me prend un frisson !... Écoute, Hippolyte : nous voilà seuls, et je puis te parler à cœur ouvert... Dis-moi : tiens-tu beaucoup à ta Cécile ?

—Hé !... ne sais-tu pas que, pour l'amener ici, je l'ai enlevée à sa famille ? Ne sais-tu pas ce qu'elle a fait pour moi, ce que j'ai fait pour elle ?... Oui, certes, je l'aime... Et cette intrigue même, si criminelle à la fois et si bizarre, ne fût imaginée que pour rendre à Cécile une partie de cette richesse que mon amour lui a fait perdre.

— Ton amour !.... Tu l'aimes donc encore ?

— Je crois te l'avoir dit.

— Hé bien ! tant-pis pour toi.

— Comment ?

— Oui, te dis-je, tant-pis pour toi... Je te plains, si tu es, comme tu le dis, attaché à cette femme, car il faut t'en séparer.

— M'en séparer !... de Cécile ?

— A l'instant.

— Jamais.

— Je te dis qu'il le faut... Notre salut dépend de cette séparation... Notre salut, entends-tu ?

— Quelle idée ! Mais ne consentelle pas à nous suivre, à lier sa destinée à la notre?

— Cécile est trop indécise.... Sa conscience est trop timorée pour que nous puissions raisonnablement compter sur elle. Tôt ou tard ses irrésolutions nous compromettraient, et nous serions perdus sans ressources... Il faut fuir sans elle.

— Abandonner Cécile!

— Sans doute, et le plus tôt possible. Il n'y a pas de temps à perdre.

— Non, je ne puis consentir....

— Ah! tu consentiras, ou je saurai bien t'y forcer...

— Que veux-tu dire?

— En te dénonçant comme l'assassin de Georges...

— Tu oserais....

— Pourquoi pas? Oui, j'oserai, si tu rejettes ma proposition. J'oserai, si tu ne me remets, à l'instant même, la moitié de la somme contenue dans le porte-feuille.

— Quoi! tu exiges pour ta part...

— Deux cent cinquante mille francs, ni plus ni moins.... Vois le parti que tu veux prendre, et surtout décide-toi promptement.

— Ainsi, l'assassinat de Georges... il me le reproche!

—Moi!... du tout, mon homme! Je l'ai trouvé fort bien, l'assassinat de Georges... Mais, enfin, c'est une méchante affaire, et...

— Je te croyais mon ami. Je vois bien que je me suis trompé.

— Ton ami! je le suis encore... Mais ici, il s'agit d'une chose légitime; en bonne conscience, nous devons partager également... Ainsi donc, exécute-toi de bonne grâce.

—C'est bien... Je vais te compter la somme.... Silence! s'écrie Arnoud en remettant précipitamment le porte-feuille dans sa poche.... Ne vois-tu pas qu'on vient? Le monde afflue de tous côtés : regarde par ces fenêtres... On peut nous observer; ce ne serait pas le moment...... Il serait imprudent..... Plus tard, tantôt, je te remettrai....

— Écoute, Hippolyte, j'y consens, nous réglerons plus tard : mais il me faut à l'instant la promesse formelle que tu fuiras avec moi, dès que nous le pourrons, avec moi seul.

— Mais Cécile....

—Ah! Cécile!... que m'importe!

Le but de toute cette intrigue, nous l'avons atteint. Le porte-feuille est à nous : voilà qui nous cuirasse merveilleusement contre la misère !... Mais ce serait un bouclier impuissant contre une parole imprudente de Cécile. Mon parti est pris : je te le répète, je te dénonce à l'instant, ou tu me promettras de fuir sans cette femme.

— Aurais-tu le front...

— Oh! du front, tu sais bien si j'en manque... Ah! ça, voyons, te décides-tu?

— Nous partirons.

— Sans elle.

— Oui.

— Bien cela!... voilà un homme! Ainsi c'est convenu.

— Oui, te dis-je, j'y consens... Pauvre Cécile!

— J'ai ta parole... songe à la tenir... Mais l'on vient : ne perdons pas Cécile de vue. »

Cependant le salon ne tarda pas à se remplir des personnes invitées, et la mariée parut enfin, accompagnée de son père et de Cécile. On passa dans la salle à manger, et chacun prit place autour d'une table magnifiquement servie. L'air de tristesse empreint sur les visages de Cécile et de Charles contrastait avec la gaîté des convives. Quant à Amélie, rien ne pouvait altérer la sérénité de sa figure. Entièrement résignée aux volontés de son père, elle s'applaudissait intérieurement d'avoir rempli un devoir qu'elle considérait comme sacré, et elle jouissait d'une grande tranquillité d'âme. Au moment le plus animé du repas, Arnoud et Salmon s'esquivèrent; mais en passant dans le salon, Arnoud eut soin de s'emparer du chapeau d'un des convives. Pendant qu'on servait le dessert, Bertrand entra tout effaré.

— « Mon maître, dit-il à M. Ravel, j'ai une drôle de chose à vous annoncer, allez!

— Qu'y a-t-il, Bertrand?

— Monsieur, appelez-moi brouillon, trouble fête; appelez-moi ce que vous voudrez; mais ce que je viens de voir est au moins singulier.

— Qu'est-ce que tu as vu?... Parle donc.

— Vous savez bien ces deux particuliers que vous avez ramenés de Paris avec monsieur votre gendre...

— Hé bien !... Mais ils ne sont plus ici !

— Je le crois bien ! Au moment où je vous parle, ils courent à franc-étrier sur la grande route de Paris. »

Cécile, saisie d'effroi, se lève de table en jetant un cri perçant ; elle passe ensuite dans le salon, et regarde avec inquiétude à travers les fenêtres. M. Ravel et plusieurs convives s'empressent de la rejoindre.

— « Qu'avez-vous donc, Georges ? lui dit M. Ravel.

— Oh ! trahison ! s'écrie-t-elle... Courez... courez sur leurs traces !... Les misérables emportent avec eux la dot de votre fille.

— Serait-il vrai ! un vol ! quelle horreur !

— Ils passeront par la forêt, ajoute Bertrand; ils sont montés sur vos chevaux. »

M. Ravel appelle ses gens et leur commande de se mettre à la poursuite des fugitifs. C'est à qui montrera le plus d'empressement à exécuter cet ordre. Le trouble de Cécile redouble en se voyant au milieu de tous les convives. Ses yeux s'arrêtant enfin sur Amélie, elle jette un second cri et tombe à genoux.

— « Ah! pardon! s'écrie-t-elle, pardon!... monsieur... mademoiselle, ne me perdez pas! Au nom du ciel, ne me perdez pas!

— Vous perdre... Grand Dieu! seriez-vous complice?

— Un crime abominable!... un crime... Ils m'ont forcée!... lui surtout..., Infâme Hippolyte !... O honte ! »

Cécile tombe évanouie sur le carreau. Bertrand la relève, et la porte sur un canapé, où il cherche à dégager ses vêtemens ; tout ébahi, il reste un instant immoble ; puis il croise précipitamment le gilet de Cécile et tourne ses regards vers son maître.

— « Qu'est-ce qu'il y a ? lui demande M. Ravel.

— Excusez, monsieur ; mais je suis d'avis qu'il ne faut pas déshabiller comme ça les femmes devant le monde.

— Tu dis ?...

— Je dis que c'monsieur-là... c'est une femme.

— Une femme !

— Oui, si je m'y connais... Par

ainsi, j'empiétais sur les attributions de mam'selle Julie... Chacun son droit.

— Quelle infamie !... Charles ! où est Charles ?

— Me voici, mon oncle. »

Sur l'ordre de son oncle, Charles emmène Amélie.

— « Julie, dites-moi, cette femme revient-elle enfin?

— Oui, oui,... Mon dieu ! qu'elle parait souffrir !.. La voilà qui se lève, qui veut venir à vous... monsieur ; elle me fait pitié... écoutez-la.

— Qu'avez-vous à dire, malheureuse ? continue M. Ravel en s'adressant à Cécile d'un air courroucé... Qui êtes-vous ?

— Je suis votre filleule Cécile Bremmer... je suis la sœur de Georges....

— La fille de mon ami Bremmer... En effet, cette étrange ressemblance !.... Fille indigne, rendez grâce au nom que vous portez, il enchaîne ma justice ; je ne vous livrerai point aux magistrats ; mais déclarez à l'instant où sont vos complices.

—Hippolyte! Hippolyte!... lui... mais il m'a arrachée à ma famille... il a volé l'écrin de ma mère... Oh! je l'ignorais, je le jure devant Dieu... je l'ignorais... Puis, l'infâme, il m'a emmenée en France... en France, il m'a persuadé le crime... et je l'ai commis... Le traitre ! comme il m'a fait tomber dans le piége ! comme il m'a dégradée ! C'est l'horreur de la misère qui m'a poussée à cette action détestable.... Ah ! monsieur, c'est si horrible la misère ! Hé bien !

j'ai voulu de l'or, de la richesse, du bonheur! et me voilà plus que jamais misérable et infâme!....

— Sortez, malheureuse, sortez, et soyez maudite, vous qui avez déshonoré le nom de votre père!.... Bertrand, qu'on chasse cette femme!

Cécile traversa précipitamment la foule qui l'accable de reproches et de malédictions; elle sortit du château et s'enfonça dans la forêt, sans savoir où diriger ses pas. Après avoir marché pendant près d'une demi-heure, elle arriva dans l'endroit où son frère avait été assassiné. Elle foula aux pieds la terre emprégnée de son sang.

— « Dieu! quelle horreur! s'écria-t-elle... un crime a sans doute été commis dans ce lieu! »

Elle marcha encore au hasard, et

découvrant enfin la cabane du bûcheron, elle redoubla le pas et se présenta à la porte. Apercevant le petit Pierre, elle lui fit signe de venir.

— « Que voulez-vous, monsieur? lui demanda l'enfant.

— Pouvez-vous, mon ami, m'indiquer le chemin le plus court pour gagner la route de Paris?

— Je vous servirais volontiers de guide, monsieur; mais je ne peux pas quitter la maison... Nous avons ici un blessé qu'il faut soigner.

— Un blessé!

— Oui, un homme que deux assassins ont attaqué ce matin dans cette forêt.... Tenez, regardez : il est là, étendu sur ce lit. Le père Arnoud est auprès. Nous craignons bien que sa blessure ne soit mortelle... Il a une balle dans la tête.

— Arnoud ! quel nom ! »

Cécile pénètre jusqu'auprès du bûcheron, fixe sur lui des yeux hagards, et lui dit d'une voix troublée :

— « Vous vous nommez Arnoud !... seriez-vous le père d'Hippolyte Arnoud ?

— Hélas ! ne m'en parlez pas de ce monstre ; oui, j'ai donné le jour à un assassin !

— Hippolyte un assassin !

— Oui, et voilà sa victime ! »

Dans ce moment, une voix faible se fit entendre ; c'était celle du blessé.

— « Cécile ! s'écria-t-il.

— Qui m'appelle ?

— Ah ! Cécile... qu'est-elle devenue ?... Infâme suborneur ! misérable ! qu'as-tu fait de ma sœur ?

— Dieu ! c'est la voix de mon frère !

— Ton frère, malheureuse ! dit Georges en se dressant sur son séant... mais oui, je te reconnais... Tu es l'opprobre de notre famille. Va, fille maudite, va rejoindre ton digne amant ; va lui dire que tu as assisté à mon dernier moment... va... mais... je n'ai plus la force... Dieu... c'en est fait ! »

Il pousse un long soupir, retombe et expire. Cécile, épouvantée, ne fait qu'un cri, et se sauve. Le vieux bûcheron, après avoir posé la main sur le cœur de Georges, dit : « Il est mort ! » Il se jette ensuite dans son fauteuil, où il reste absorbé dans sa douleur.

Cependant les domestiques que M. Ravel avait envoyés à la poursuite d'Arnoud et de Salmon, après avoir parcouru, sans succès, les environs pendant une partie de la journée, reprirent enfin le chemin du château. Le palfrenier et deux valets d'écurie revenaient par la fôret, quand des cris plaintifs vinrent frapper leurs oreilles. Ayant découvert qu'ils partaient de la chaumière du bûcheron, ils s'y rendirent directement. Mais en y entrant, ils furent témoins d'un spectacle déchirant. D'un côté, gisait sur le lit Georges noyé dans son sang, et mort depuis quelques heures ; de l'autre, le vieux bûcheron étendu dans son fauteuil, la tête penchée en arrière, et ne donnant aucun signe de vie ;

et au milieu de ce spectacle douloureux, Pierre Lescot poussant des sanglots et livré au plus violent désespoir.

— « Qu'est-il donc arrivé ? lui demanda le palfrenier.

— Les plus grands malheurs !... Le père Arnoud vient d'expirer dans mes bras... C'est de douleur que le pauvre cher homme est mort... L'idée que son fils est l'assassin de ce monsieur que vous voyez là, lui a fait tant de mal... tant de mal, qu'il est tombé en faiblesse, et comme il relevait de maladie, il n'a pu supporter ce dernier coup... C'est qu'il nous est arrivé tant d'événemens depuis ce matin !... Comment tout cela finira-t-il ?... Mon Dieu ! mon Dieu ! que je suis à plaindre ! Il me servait de père...

Qu'est-ce que je vais devenir ? »

Pierre fut accablé de questions sur tout ce qui s'était passé. D'après les détails qu'il donna, le palfrenier, pensant qu'il était urgent de faire connaître l'état des choses à son maître, emmena cet enfant avec lui et laissa ses deux camarades dans la chaumière. M. Ravel fut pénétré de douleur en entendant de la bouche du petit orphelin le récit de tout ce qu'il avait vu et entendu. La destinée de Georges et l'état abject dans lequel sa sœur était tombée excitèrent la compassion d'Amélie et de Charles, et leur arrachèrent des larmes. Quant à M. Ravel, quoique son indignation contre sa filleule fût au comble, par égard pour son ami Bremmer, il voulut assoupir cette affaire. Il se rendit sur les lieux avec son neveu et quelques domestiques. Le corps de Georges et du bûcheron furent transportés au château et inhumés le lendemain. On eut soin de soustraire le chapeau qu'Hippolyte avait laissé tomber dans la fondrière; et comme on avait trouvé dans l'endroit où le meurtre avait été commis un des pistolets de Georges, on fit répandre le bruit que sa mort avait été le résultat d'un duel avec un inconnu. Quant au mariage contracté à la municipalité, le maire, qui était entièrement dévoué à M. Ravel, fit disparaître les traces de cet acte, dont la preuve eût appelé une peine infamante sur la tête de Cécile.

M. Ravel se chargea du sort

de Pierre Lescot, qui se montra toujours digne de sa protection. Il informa M. Bremmer de tous ces événemens; mais, malgré les précautions qu'il avait prises pour ménager sa sensibilité, ce père infortuné sentit vivement le coup qui le frappait dans ce qu'il avait de plus cher. La nouvelle de tant de malheurs faillit lui devenir funeste: il fit une maladie cruelle qui le mit aux portes du tombeau.

Le château de Roussy-le-Sec se ressentit long-temps de ces scènes déplorables. La tristesse y régna pendant plusieurs mois; mais M. Ravel ayant enfin consenti à donner sa fille en mariage à son neveu, les ennuis et le chagrin furent bientôt bannis de ce séjour.

## CHAPITRE V.

---

CEPENDANT, quoique Louise eût lieu d'être glorieuse d'avoir pour père un brave cité plusieurs fois avantageusement dans les bulletins de la grande armée, et pour futur époux un général dont l'empereur faisait le plus grand cas, l'idée des dangers auxquels ils étaient journellement exposés l'un et l'autre la tourmentait incessamment. Quoiqu'ils lui écrivissent fréquemment, le moindre retard qu'elle éprouvait dans la réception de leurs lettres lui causait de mortelles inquiétudes. Elle avait fini par apprendre que son père avait été grièvement blessé à la bataille d'Austerlitz, et, depuis ce moment, elle redoutait plus que jamais les chances de la guerre. Elle n'avait point changé ses habitudes, et trouvait dans le travail sa seule distraction. Elle ne recevait d'autres visites que celles de Robert, qui, depuis la leçon qu'elle lui avait donnée, mettait avec elle la plus grande circonspection dans ses paroles et dans ses actions. Un jour, il se présenta chez elle d'un air empressé, et tenant à la main le dernier numéro du Moniteur.

Louise, qui se hâta de lire, y vit que son père rentrait dans la garde avec le grade de chef de bataillon. Elle en ressentit beaucoup de joie. Comme la garde impériale était en route pour revenir à Paris, elle se flatta de l'espoir de revoir incessamment ce père chéri, dont elle était séparée depuis si long-temps. Cette idée faisait son bonheur. Robert lui parla aussi du général Herfort de manière à mettre le comble à sa satisfaction.

Quoique Robert fût toujours sur la réserve avec Louise, et qu'il en agît avec une grande politesse, il régnait dans ses discours un ton de dépit qui perçait malgré lui. Aussi elle ne redoutait rien tant que ses visites, et, s'il n'eût pas été chargé de lui remettre les lettres du général, elle l'aurait traité avec moins de ménagement.

Le retour de la garde impériale à Paris, annoncé depuis long-temps par les journaux, ne tarda pas à s'effectuer. Les honneurs du triomphe attendaient, dans la capitale de l'empire, ces dignes représentans de la valeur française. Louise, persuadée que son père figurait parmi ces braves, se rendit, dès le point du jour, dans l'endroit même où devait passer cette troupe d'élite, et se plaça avantageusement pour la voir défiler.

Près de la barrière de la route du Nord, par où s'avancèrent les dix mille guerriers de la garde, la ville de Paris avait fait élever un arc triomphal de la plus grande proportion connue. Cet arc n'avait qu'une seule porte ou arcade, mais vingt hommes pouvaient y passer de front. A la naissance de la voûte, on voyait à l'extérieur de grandes renommées présentant des couronnes de laurier. Tout le monument était surmonté par un quadrige doré. Sur chacune des faces, on lisait des inscriptions nobles et simples. Cet édifice, quoiqu'on n'y eût employé ni colonnes ni aucun de ces ornemens dont les architectes sont trop souvent prodigues, offrait un caractère de grandeur véritable et de simplicité (1).

(1) Ce monument avait été construit, en

Louise eut occasion d'assister à la réception de cette garde intrépide par le corps municipal de Paris. Dès neuf heures du matin, une foule immense de peuple entourait l'arc de triomphe. Des cris d'enthousiasme annoncèrent, vers le milieu du jour, l'approche des braves : ils parurent, et bientôt leurs aigles réunies ne formèrent qu'un seul groupe qui précéda la colonne.

Louise fut cruellement trompée dans son attente : malgré toute l'attention qu'elle mit à chercher des yeux son père à la tête de chaque bataillon qui passait sous l'arc de triomphe, il ne se montra point à

moins de quinze jours, sur les dessins et par les soins de M. Chalgrin, membre de l'Institut, et l'un des architectes français les plus distingués.

ses regards. Elle reconnut cependant Dubois, et en fut d'autant plus étonnée qu'elle le croyait toujours attaché au général Gazan. Remplie d'inquiétude de ne pas avoir aperçu Gérard parmi les braves qui venaient d'être accueillis avec un grand enthousiasme, elle pensa, néanmoins, que Dubois ne tarderait pas à venir lui donner des nouvelles de son père. Effectivement, dès le lendemain matin, elle reçut sa visite.

— « Ah! monsieur Dubois, s'écria-t-elle en recevant ses embrassemens, vous voilà! Qu'il me tardait de vous voir!... Et mon père, comment n'est-il pas avec vous? Les journaux avaient cependant annoncé sa rentrée dans la garde.

— Ne m'en parlez pas, mademoiselle; Gérard a commis une imprudence qui lui coûtera cher. Votre père est un fou. S'il s'est attiré une disgrâce, c'est bien par sa faute. Quel malheur! il était en si bon chemin!... Sans les singulières idées qu'il s'est fourrées dans la tête, il serait aujourd'hui dans vos bras; au lieu qu'à présent, vous serez peut-être des années sans le voir. Le diable d'homme! je ne puis penser à son équipée sans être outré contre lui.

— Qu'a-t-il donc fait?

— Sa majesté, voulant récompenser dignement ses services, l'avait désigné pour rentrer dans la garde, et nommé en même temps baron de l'empire. Mais Gérard, loin d'être sensible à cette insigne faveur, montra le mépris qu'il faisait d'un titre que tant d'autres ambitionnent, en allumant sa pipe avec son brevet de baron. Malheureusement cette action se passa en présence de plusieurs officiers supérieurs, et l'empereur ne tarda pas à en être informé. Dans le premier moment, il voulait destituer Gérard; mais le général Herfort, qui était alors auprès de Napoléon, obtint son pardon. Cependant sa majesté, ne voulant point qu'il rentrât dans la garde, le nomma colonel de la légion corse, avec ordre de rejoindre de suite ce corps, qui est dans le royaume de Naples. Néanmoins, avant de nous séparer, il me remit, pour vous, une lettre et un billet de mille francs : les voici, mademoiselle. Puissiez-vous trouver quelques consolations dans ces marques de son souvenir ! Elles vous prouvent, du moins, que ce bon père ne cesse de s'occuper de vous.

— O mon père ! s'écria Louise en rompant le cachet de la lettre, faut-il que vous ayez sacrifié mon bonheur à votre opinion ! »

Elle lut avec empressement ce qui suit :

« Ma chère Louise, j'ai chargé » Dubois de te remettre un billet » de mille francs : je regrette de » ne pouvoir t'envoyer davantage. » Mon ami t'apprendra ce qui m'est » arrivé. Tu sauras les obligations » que je dois au général Herfort. » Adieu, ma fille : je pars pour la » Calabre, province du royaume de » Naples. Peut-être ne te reverrai-» je plus ; mais, quel que soit le sort » que le ciel me réserve, repose-

» toi sur l'attachement que le gé-
» néral nous a voué ; il m'a ouvert
» son âme toute entière, et j'ai lieu
» de croire que tu trouveras tou-
» jours en lui un zélé protecteur et
» un véritable ami.

» Ton tendre père,

» GÉRARD. »

— « Que je suis malheureuse! continua Louise en poussant des sanglots. Hélas! je ne reverrai plus mon père.

— Qui peut vous donner une semblable idée?

— Hé! ne le dit-il pas lui-même dans sa lettre?

— Ces mots ont échappé à sa plume au milieu de l'émotion qu'il éprouvait en vous écrivant. Cela ne pouvait pas être autrement, puisque l'espoir de vous revoir bientôt lui était tout-à-coup ravi. Mais ne croyez pas, mademoiselle, que le coup qui le frappe le condamne à un exil éternel. Ne vous affligez pas; vous reverrez votre père, vous le reverrez dans une position plus avantageuse. Je connais Gérard : appelé à commander un corps, il trouvera au premier jour l'occasion de se distinguer plus que jamais. Ce nouveau poste, j'en suis certain, lui procurera un avancement beaucoup plus rapide que s'il fût rentré dans la garde. Soyez donc tranquille sur son avenir; Gérard est de ces hommes que Napoléon ne perd jamais de vue. Quant à moi, le fait est que, si je suis contrarié de la nouvelle destination que Gérard a reçue, c'est uniquement parce que nous allons encore être long-temps séparés l'un de l'autre. Le sachant sur le point de rentrer dans la garde, ayant le même grade, à peu-près les mêmes droits, j'avais sollicité la même faveur dans le seul but de me retrouver chaque jour avec cet excellent ami. Comme lui, je reçus le brevet de baron; mais je vous avoue, mademoiselle, que je ne fus pas tenté d'imiter son exemple. Je fais, au contraire, le plus grand cas de ce titre, signé de la main même de sa majesté. »

Dubois prit congé de la fille de son ami, en lui promettant de la visiter souvent. Les fêtes offertes à la garde impériale furent effectivement célébrées avec la plus grande magnificence. L'Académie de musique (l'Opéra) offrit aux militaires de toutes armes, qui composaient ce corps d'élite, le spectacle de leur propre gloire, de leur triomphe ! c'était la belle tragédie lyrique : *le triomphe de Trajan.*

Deux jours après, une autre fête fut donnée par le Sénat, dans son propre palais, à la garde impériale. Les dociles exécuteurs des volontés du monarque guerrier crurent devoir cet hommage spécial à ses vaillans prétoriens dans la personne des officiers qui les commandaient. En face du palais s'élevait un temple à la Victoire, au centre duquel était la statue de l'empereur. Dans toutes les parties de ce même palais, des trophées militaires, disposés avec art, et liés par des couronnes de laurier, offraient des inscriptions commémoratives des batailles, siéges et actions qui ont rendu si mémorables les campagnes que la fête avait pour objet de célébrer. A deux heures après-midi, les officiers furent reçus par les sénateurs réunis : les premières autorités civiles et militaires avaient été invitées également à cette solennité. Le sénateur Lacépède, en recevant le maréchal Bessières et le corps des officiers de la garde, prononça un discours pompeux. Un repas, des jeux scéniques, une brillante illumination et un feu d'artifice complettèrent cette fête donnée par un sénat avili à des guerriers dont le dévouement pour celui qui récompensait leur valeur servait du moins à l'illustration de la patrie.

## CHAPITRE VI.

---

Salmon, après avoir disparu de son logement pendant près d'un mois, sans donner de ses nouvelles, y revint un soir vers les dix heures; mais avant de rentrer dans sa chambre, il frappa à la porte de Robert.

— « Quoi! c'est vous, Salmon! lui dit-il en ouvrant. Vous avez fait une bien longue absence. D'où venez-vous donc?

— De Rouen.

—Quelles affaires aviez-vous dans cette ville?

— Vous le saurez plus tard; mais le plus pressé, c'est de venir à mon secours. Je n'ai rien mangé depuis hier : j'ai fait à pied plus de quinze lieues aujourd'hui, et je meurs de faim.

— J'ai heureusement de quoi satisfaire votre appétit. Asseyez-vous là, auprès de cette table : je vais vous donner ce que j'ai.

— Vite, je vous prie... Les forces m'abandonnent. »

Robert mit sur la table une bouteille de vin, un quartier de dindon, du pain, du fromage et des fruits. Salmon dévora une partie de ces alimens, sans prendre le temps de répondre aux questions dont Robert l'assiégeait, et ne prit la parole que quand il fut rassasié.

— Vous désiriez savoir, lui dit-il, ce que j'ai fait pendant mon absence de Paris... Hé bien! je vous dirai que j'avais entrepris un voyage qui, après avoir commencé sous les auspices les plus favorables, a fini par me causer beaucoup de peines, de fatigues et de regrets... Vous me disiez tout-à-l'heure que, peu de jours avant mon départ, vous m'avez rencontré sur le boulevard de la Madeleine dans une calèche, avec trois jeunes gens, parmi lesquels vous avez cru reconnaître votre neveu. Vous ne vous êtes pas trompé, c'était lui-même. Il avait quitté le service et se livrait à quelques spéculations dans lesquelles j'étais intéressé comme courtier. Entr'autres affaires de ce genre, il fut assez heureux dans une partie de diamans qui me valut aussi un honnête profit. Depuis nous eûmes l'occasion de nous associer dans une entreprise qui nous réussit au-delà de nos espérances. Après avoir partagé notre bénéfice par moitié, nous nous rendîmes à Rouen, dans l'intention d'y séjourner pendant une quinzaine, et de passer ensuite en Angleterre. Mais, dès le quatrième jour de notre arrivée dans cette ville, je devins la victime de la plus noire perfidie. Arnoud profita de mon sommeil pour disparaître avec mon porte-feuille. Le traître ne laissa dans mes poches que deux pièces de cinq francs qui ne me suffirent pas pour payer ce que je devais dans l'auberge où nous étions descendus. Après avoir vainement parcouru la ville et les environs pendant huit grands jours, pour retrouver l'infâme, je fus obligé de vendre quelques effets pour vivre, et je me décidai à revenir à Paris. Je partis de Rouen hier, et me voici arrivé sans le sou, sans souliers aux pieds, exténué de fatigue et la rage dans le cœur. Oh ! si jamais je trouve mon voleur, je vous réponds, mille tonnerres ! qu'il passera par mes mains. Je jure que l'un de nous deux restera sur la place.

— Rien ne peut m'étonner de la part de mon neveu : ne suis-je pas payé pour savoir ce dont il est capable ?... Mais dites-moi, Salmon, de quelle nature étaient vos spéculations ?

— Je vous ai déjà dit que nous avions travaillé dans la partie du diamant.

— Ensuite ?

—Ah ! dame ! que sais-je, moi ?.. Nous avons eu quelques chances favorables au jeu..... Et puis, nous avons eu le bonheur de faire réussir un mariage et d'avoir une forte remise sur la dot.

— Et c'est là ce que vous appelez des spéculations !... A vous entendre, je croyais qu'il s'agissait d'opérations commerciales.

— Au surplus, monsieur Robert, que vous importe ? Le fait est qu'après avoir gagné beaucoup d'argent dont nous avions fait loyalement le partage, Hippolyte m'a indignement volé.

—Enfin, combien vous a-t-il pris?

—De quoi me mettre pour toujours à l'abri de la misère.

—Tenez, Salmon, tout cela n'est pas clair... Quand je pense à vos antécédens, votre projet d'aller en Angleterre me fait soupçonner que vous aurez eu recours à des moyens peu honorables pour vous procurer de l'argent.

—Allons donc, monsieur Robert, vous me faites suer avec vos conjectures. Ne faut-il pas vous rendre des comptes à vous? Si l'on pouvait fouiller dans votre conscience, on y verrait de belles choses! C'est bien à un homme de votre espèce qu'il appartient de chercher à éplucher notre conduite!.. Faites-moi grâce de vos observations; elles sont déplacées dans votre bouche. Nous avons agi comme nous avons dû le faire. Nous avons profité d'une bonne veine, et nous avons bien fait. Ce qu'il y a de mal dans nos relations, voyez-vous, c'est le trait infâme d'Hippolyte envers moi. Voilà ce qui s'appelle une lâche trahison. Que diable! est-ce entre gens comme nous qu'on doit manquer de foi à ce point? Aussi, je vous le répète, si jamais je revois le fourbe, je lui ferai payer cher le tour qu'il m'a joué.

—Ce sera une affaire entre vous: certes, je ne m'en mêlerai point.

—Vous me faites penser que j'en ai aussi une à traiter avec vous; mais j'espère qu'elle se terminera à l'amiable.

— De quoi s'agit-il?

— Votre neveu étant l'auteur de l'embarras où je me trouve, il est naturel que l'oncle vienne à mon secours. Je me propose de reprendre ma profession de maître d'armes, et de louer une salle pour y donner mes leçons. Il me faut de l'argent, non-seulement pour remonter ma garde-robe, mais encore pour payer les trois mois d'avance du local où je tiendrai mon académie. Vous allez me prêter cent écus.

— Comment, cent écus!

— Oui, cent écus... Oh! soyez tranquille : je vous les rendrai, ma parole d'honneur!

— Je ne puis disposer de cette somme.

— Il le faut cependant.

— Je m'exposerais à la perdre.

— Que dites-vous? la perdre!... Faut-il vous répéter que c'est à titre de prêt que je vous demande cet argent?... Mais, sacrebleu! voilà bien des façons pour une bagatelle!... Faut-il donc vous rappeler encore, mons Robert, ce qui s'est passé autrefois entre nous?

—Calmez-vous, Salmon; ne vous emportez pas, et surtout ne criez pas si fort... Retirez-vous sans bruit, et revenez demain matin; je vous compterai vos cent écus.

— A la bonne heure. »

Il prit, sans en demander la permission, un chandelier pour s'éclairer, et monta dans sa chambre. Le lendemain, il descendit chez Robert, qui lui remit la somme dont ils étaient convenus. Salmon lui en donna quittance, et disparut. Robert, qui considérait cet argent comme perdu pour lui, s'en consola d'autant plus facilement qu'à cette époque il avait des fonds assez considérables à faire valoir pour le compte du général Herfort, et qu'en gérant les affaires de cet homme si confiant, il avait soin de ne pas oublier les siennes propres. Cependant, ayant besoin de sa procuration pour une opération importante, il lui avait écrit plusieurs fois à l'armée; mais ses lettres n'avaient été remises au général qu'à son passage à Vienne, et il n'avait pu lui répondre qu'à son arrivée au fort de Kehl, où il devait séjourner quelque temps. Il lui envoya de ce lieu un paquet qui, outre la procuration qu'il lui avait demandée, contenait une lettre pour Louise. Robert, qui la lui porta sur-le-champ, fut témoin des transports d'allégresse qu'elle fit éclater en la lisant.

— « Ah! monsieur Robert, s'écria-t-elle en sautant de joie, que je suis heureuse!... Tenez, monsieur, lisez!... Oh! non; je veux avoir le plaisir de la relire, cette précieuse lettre qui m'annonce un sort si prospère. Écoutez :

« Ma chère Louise,

» Les villes de Kehl, Cassel et
» Wesel viennent d'être réunies à
» l'empire français. Sa majesté a
» daigné me confier l'organisation
» provisoire de l'administration de
» ces trois villes, et cette opération
» me retiendra probablement pen-
» dant quelque temps dans ce pays.

» J'ai résolu d'en profiter pour » mettre le comble à mon bonheur. » Hâte-toi donc de venir me re» joindre à Kehl, où tout est pré» paré pour te recevoir. Le respec» table aumônier du fort consa» crera notre mariage dès que nous » aurons rempli, à la mairie de » Strasbourg, les formalités vou» lues par la loi. Viens, ma Louise; » je t'attends avec impatience. Je » brûle de te donner le titre de » comtesse; car je me fais un plai» sir de t'annoncer que l'empereur » vient de me nommer comte de » l'empire. N'oublie pas, mon amie, » d'apporter avec toi les papiers qui » nous sont nécessaires; et si tu » juges convenable de te faire ac» compagner par une femme de » chambre, tâche de faire un bon

» choix. Tu trouveras, en arrivant
» à Strasbourg, un homme de con-
» fiance qui t'attendra à la dili-
» gence. Je t'ai annoncée ici comme
» ma nièce; j'ai pensé que si je n'é-
» tais pas à Kehl au moment de ton
» arrivée, cette qualité imposerait
» aux personnes chargées de te re-
» cevoir. Si tu as besoin d'argent
» pour ton voyage, tu t'adresseras
» à M. Robert. Adieu, ma chère
» comtesse; je brûle de te serrer
» dans mes bras, et de former les
» liens indissolubles qui doivent
» nous unir pour la vie.

» Tout à toi,

» Ton ami, HERFORT, comte
» D'HÉROUVILLE. »

— « Hé bien! monsieur Robert, ajouta Louise après avoir couvert la lettre de baisers, que pensez-vous de ce qui m'arrive?

—Je dis, mademoiselle, que vous êtes fort heureuse... Vous allez devenir comtesse!...

— C'est bien cela qui me touche vraiment!... Mais épouser Herfort, est-il pour moi un plus grand bonheur?

— Quand comptez-vous partir?

— Aujourd'hui même, si c'est possible.

— Vous n'y pensez pas, mademoiselle! Quoi! sitôt!

— Je vais retenir ma place de ce pas.

— Mais vos papiers?

— Je les ai tous... Ils sont en règle.

— Et de l'argent?

— J'en ai plus qu'il ne m'en faut.

— Et une femme de chambre?

— Je n'en ai pas besoin.

— Ainsi donc, mademoiselle Louise, c'en est fait! vous voilà mariée!

— Grâce à Dieu, j'espère que cela ne tardera pas.

— Vous allez vous exposer aux fatigues d'un voyage qui vous paraîtra long, car il y a cent vingt lieues de Paris à Strasbourg, et nous sommes dans la saison des grandes chaleurs.

— Ce sont là des obstacles qu'il me sera, je crois, facile de surmonter... Mais je n'ai pas de temps à perdre. Excusez, monsieur Robert, si je ne puis rester davantage avec vous; mais vous sentez que je n'ai rien de plus pressé que de m'occuper des préparatifs de mon voyage.

— C'est juste... Voulez-vous que je vous accompagne jusqu'à la diligence?

— C'est inutile, monsieur Robert : voici l'heure de votre bureau; cela vous dérangerait.

— Permettez-moi, du moins, de venir tantôt vous faire mes adieux.

— Volontiers, monsieur.... Au revoir. »

Louise, ayant eu le bonheur de trouver une place à la diligence pour le soir même, retourna chez elle faire les dispositions nécessaires pour son voyage. Robert, qui revint la voir sur les cinq heures, la conduisit jusqu'à la voiture, et reçut ses adieux. Il rentra chez lui l'âme navrée de douleur. Malgré la répugnance que Louise lui avait constamment témoignée, et l'attachement qu'elle n'avait cessé de montrer pour Herfort, il était loin de penser que le général se déciderait aussi promptement à l'épouser. Il espérait, au contraire, que des obstacles insurmontables finiraient par s'opposer à un tel mariage, et qu'un jour Louise, trompée dans son attente et désabusée de ses illusions, se trouverait trop heureuse de devenir la femme d'un homme comme lui. En proie à la plus sombre jalousie, maudissant le destin qui lui ôtait tout espoir, réduit à dévorer en secret son chagrin, il méditait dans l'ombre la ruine de celle qui l'avait dédaigné.

— « Enfin elle est partie! se disait-il. C'en est fait, le général l'élève jusqu'à lui !... Je me suis étrangement abusé.... Qu'il m'eût été facile cependant de circonvenir M. Herfort, de perdre Louise dans son esprit, et de me venger de ses mépris ! Le général m'accorde de la confiance; il a une haute idée de ma probité : il m'aurait cru sans peine. Qui m'empêchait en effet de lui persuader qu'elle lui était infidèle ? Ne pouvais-je pas supposer une intrigue, en fabriquer les preuves, et le convaincre que cette fille est indigne de lui ? Madame d'Eaubonne est absente... Si je lui écrivais! si je l'informais du départ de Louise pour Kehl et de son prochain mariage avec le comte !... Mais à quoi cela servirait-il maintenant ? Les choses sont trop avancées... Hélas ! ce mariage se fera : rien ne peut plus le rompre, et je suis condamné à d'éternels regrets. Qu'on est à plaindre d'aimer sans espoir! Mais non; son image me poursuit partout. Depuis l'âge de quinze ans, j'étais chaque jour auprès d'elle; je lui montrais les premiers élémens de notre langue. Si elle brille aujourd'hui par son instruction, si elle parle et écrit correctement, c'est à moi qu'elle doit ces avantages; et cependant quelle est la récompense de ma sollicitude?... Le mépris! Que me reste-t-il pour souvenir de tant de soins?... Rien!... Je me trompe: j'ai conservé précieusement plusieurs pages écrites de sa main... Quelle est ma faiblesse! Comment puis-je attacher tant de prix à ces objets? Quelquefois je contemple, pendant deux heures entières, ces caractères qui furent tracés sous mes yeux dans un temps où j'étais loin de prévoir qu'un jour Louise ferait le tourment de ma vie... Mais voyons ces écrits dont la vue me reporte à une époque d'illusions et d'espérances.... Je ferais mieux, sans doute, de les anéantir; je devrais rejeter loin de moi tout ce qui me rappelle l'ennemi de mon repos; mais je ne puis m'y décider. »

Il ouvrit son secrétaire, en tira quelques pages d'écriture qu'il posa sur une table, et les examina les unes après les autres avec la plus grande attention.

A l'époque où Louise prenait encore des leçons de Robert, il avait l'habitude de lui faire copier des chapitres entiers ou des lettres détachées dans les romans que madame Bontemps se procurait. Un jour Gérard, s'étant aperçu que sa fille avait écrit quelques passages tirés de plusieurs ouvrages de ce genre, dont la lecture lui paraissait dangereuse, avait témoigné beaucoup d'humeur. Il avait même reproché à sa sœur son incurie à cet égard, et Robert, pour faire cesser ses plaintes, s'était emparé des feuilles écrites par son écolière et les avait emportées. C'étaient ces papiers qu'il avait conservés avec soin depuis ce moment. Parmi eux se trouvait une lettre que la jeune fille avait transcrite d'un roman intitulé *Louise et Valmon*. C'était la lettre que l'héroïne de ce roman écrivait à son amant, détenu en prison.

— « Que vois-je ! se dit Robert,

une lettre signée de Louise ! Si elle pouvait renfermer des choses capables de la compromettre ! ce serait pour moi une précieuse découverte; car j'éprouve le besoin de me venger de la cruelle... Lisons.»

Tandis qu'il s'entretenait avec lui-même des moyens d'assurer sa vengeance, celle qui en était l'objet voyageait avec la plus grande sécurité. Son imagination ne lui présenta, pendant la route, que des idées riantes. Elle voyait déjà paré de fleurs l'autel où son hymen devait être consacré. Nulle triste pensée ne venait troubler son bonheur; les tourmens de l'incertitude n'agitaient plus son âme; elle croyait enfin son sort à jamais fixé. C'est dans cette disposition d'esprit qu'elle arriva, le troisième jour, à

Strasbourg, à la nuit tombante. Au moment qu'elle descendait de la diligence, un vieillard demandait au conducteur s'il y avait parmi les voyageurs une demoiselle nommée Louise Gérard. Elle s'empressa de se faire connaître de cet homme qui se chargea de porter son sac de voyage et de lui servir de guide.

— « Suivez-moi, mademoiselle, lui dit-il; je vais avoir l'honneur de vous conduire au fort de Kehl, où, d'après les ordres du général Herfort, votre oncle, tout est préparé pour vous recevoir.

— Comment se porte le général? demanda Louise en marchant à côté du vieillard.

— La santé de monsieur votre oncle serait parfaite, s'il n'était pas travaillé d'une insomnie continuelle. On dit qu'il y a plus de deux mois qu'il a perdu le sommeil. Si cela continuait, son sang finirait par s'échauffer.

—Vous me jetez dans une grande inquiétude.... J'ignorais qu'il fût dans cet état.

— Il n'y a pas de quoi vous tourmenter, mademoiselle; du reste, monsieur votre oncle a fort bonne mine; il a bon appétit, et son teint n'annonce guère un homme malade. D'ailleurs, il faut croire que la privation de sommeil n'altère en rien ses forces, car son activité est incroyable. Depuis qu'il est dans ce pays, il passe des journées entières à cheval, et est presque toujours par voies et par chemins. Avant-hier, comme il revenait de Wesel, il n'a pu se reposer que quelques heures seulement ; il a été forcé de partir pour Cassel, d'où nous l'attendons.

— Est-ce que mon oncle ne serait pas à Kehl ?

— Non, mademoiselle ; mais bien certainement il y sera de retour cette nuit, ou au plus tard demain matin.

— Que son absence me contrarie !

— Cela ne doit rien vous faire, mademoiselle. Vous serez accueillie comme s'il était présent. Vos moindres désirs seront satisfaits, et vous n'aurez qu'à commander. En ma qualité de concierge du fort, j'ai reçu l'ordre de pourvoir à tous vos besoins. Vous pouvez compter qu'on aura pour vous les plus grands égards, et que les intentions du général seront exactement remplies.

— Avons-nous encore loin à aller ?

— Nous voici hors de la ville : nous n'avons plus maintenant que peu de chemin à faire... Vous voyez d'ici le pont qui mène à l'île où ce fort est situé. »

Quand ils arrivèrent dans le fort, le concierge et sa femme conduisirent directement Louise dans la chambre qui lui était destinée. Il faisait déja nuit, et une servante portait un flambeau pour les éclairer.

— « Allons, madame Lambert, dit le concierge à sa femme, voici le paquet de mademoiselle. Comme il fait une chaleur à étouffer, nul doute qu'elle n'ait besoin de changer de vêtemens... Pendant que vous servirez de femme de chambre à mademoiselle, Germaine vous aidera. Quant à moi, je cours m'occuper du souper de mademoiselle.

— C'est inutile, monsieur; je ne prends jamais rien le soir.

— Au moins, vous vous rafraîchirez... vous en avez besoin, j'espère. La sueur découle de votre front. Permettez-moi de vous offrir un verre d'excellent vin du Rhin.

— Je préférerais de la bière, si vous en avez de bonne.

— Justement, reprit madame Lambert, je viens d'en monter moi-même de la cave une bouteille que j'ai déposée sur le buffet de la salle à manger. Germaine, allez la chercher, et servez-en un verre à mademoiselle. »

Tandis que le concierge se retira et que la servante passa dans la salle à manger, Louise se déshabilla et se revêtit d'un peignoir. Germaine ne tarda pas à revenir tenant d'une main une bouteille, et de l'autre une assiette sur laquelle était un verre qu'elle remplit et que Louise porta avidement à ses lèvres ; mais à peine eut-elle avalé une gorgée de la liqueur qu'il contenait, qu'elle le remit précipitamment sur l'assiette en donnant les marques du plus grand dégoût.

— « Vous vous êtes trompée, dit-elle à Germaine ; ce n'est point là de la bière ! Cette boisson a un goût détestable.

— Ciel ! s'écria madame Lambert après avoir flairé ce qui restait dans le verre, mademoiselle a raison...

Êtes-vous maladroite, Germaine ! Il y a deux bouteilles sur le buffet ; vous avez pris l'une pour l'autre. Vous voyez bien, sotte que vous êtes, que cette liqueur est plus brune que la bière !

— Dame ! moi, not' maîtresse, je n' savions pas... et pis... à la chandelle, est-ce qu'on peut ben distinguer les choses, donc ?

— Faut-il avoir du malheur !.... Encore, c'est que mademoiselle en a avalé une gorgée ; tandis que, lorsqu'on en fait usage, on n'en prend que quelques gouttes... Ah ! mademoiselle, vous me voyez dans la désolation. Dieu ! quand monsieur votre oncle saura cela, il sera furieux !

—Vous m'effrayez ! Qu'est-ce que c'est donc que cette boisson ?

— C'est un narcotique que le chirurgien-major de la garnison a composé pour le général, qui, depuis long-temps, ne dort ni jour ni nuit. Il a commencé à en prendre, pour la première fois, la semaine passée, et cela lui a procuré quelques heures de sommeil.

— Cette liqueur va sans doute m'incommoder.

— J'espère, mademoiselle, que vous n'en aurez pas pris assez pour vous faire mal.

— En tout cas, elle m'a laissé, dans la bouche, un goût d'amertume insupportable.

— Germaine, préparez de l'eau sucrée pour mademoiselle. »

Cette nouvelle boisson adoucit l'amertume de celle prise auparavant, mais n'eut pas la puissance à en détruire l'effet, car Louise ne tarda pas à tomber dans un état de somnolence. Malgré ses efforts pour résister au sommeil, il lui prit des bâillemens redoublés; ses paupières s'appesantirent tout-à-coup, et comme elle se trouvait assise auprès du lit, elle laissa tomber sa tête sur l'oreiller et s'endormit profondément.

— « Voilà une belle affaire, à présent! dit madame Lambert. Pourvu que cette chère demoiselle n'en tombe pas malade! Il faut avouer, Germaine, que vous êtes une franche pécore!... Je vous préviens que s'il résulte de ceci quelque malheur, je vous chasse sans pitié.

— Mais, madame, est-ce ma faute, à moi? Je n'l'ons pas fait exprès.

— Pardine, il ne manquerait plus que cela... Mais voyons, allez-vous rester là, comme une grande bête? Vous voyez bien que, dans l'état où vous avez mis cette demoiselle, il vaut mieux qu'elle soit couchée tout-à-fait. Il est certain que la drogue que vous lui avez fait prendre la tiendra long-temps dans un profond sommeil. Aidez-moi donc à la déshabiller, et surtout tâchez de vous y prendre avec adresse.»

Elles déshabillèrent Louise et la mirent au lit sans qu'elle se réveillât. Sur ces entrefaites, elles entendirent les pas de plusieurs chevaux, et aperçurent, à travers la fenêtre, dans la principale cour, plusieurs cavaliers qui mettaient pied à terre. Lambert tenait un flambeau pour les éclairer.

— « Mon Dieu ! s'écria madame Lambert, voilà le général et sa suite ! Mon mari lui annonce sans doute l'arrivée de sa nièce, car je remarque sur sa figure l'empreinte de la joie.... Ah ! Germaine, vous me mettez dans un cruel embarras. »

Il serait difficile de décrire l'anxiété du général en apprenant cet événement. Il accourut auprès de Louise, qu'il chercha à réveiller. Il lui baisa le front plusieurs fois, et lui prit les mains qu'il secoua fortement ; mais rien ne put la tirer de son sommeil léthargique. Le comte, désespéré de l'inutilité de ses efforts, et ne pouvant maîtriser son indignation, fit à Germaine les plus sanglans reproches, et la chassa de sa présence. Il fit ensuite appeler le chirurgien-major, à qui madame

Lambert rendit un compte exact de ce qui s'était passé.

— « Calmez votre inquiétude, général, dit le chirurgien; mademoiselle votre nièce ne court pas le moindre danger. La liqueur soporative qu'elle a prise est composée de manière à ne faire craindre aucune suite fâcheuse. Cependant, comme elle en a avalé une forte dose, son sommeil doit nécessairement se prolonger pendant vingt-quatre heures au moins. Qu'on ne s'avise pas surtout de le troubler, parce qu'il pourrait en résulter une grave indisposition! Ses sens, violemment agités par l'effet du narcotique, ont besoin de se calmer peu à peu, et le repos seul peut opérer ce résultat. Demain je remettrai à madame Lambert une potion calmante qu'elle aura soin de lui administrer à son réveil ; mais surtout qu'on la laisse seule cette nuit ; je vous le recommande expressément. »

Les intentions du chirurgien furent exactement remplies, et chacun se retira. Le général, ayant un rapport important à faire au ministre de la guerre et un grand nombre de lettres à écrire, se renferma dans son cabinet jusqu'à trois heures du matin. Il remonta ensuite dans son logement, où il se livra aux plus agréables réflexions.

— « Je vais donc posséder celle que j'aime depuis si long-temps ! se dit-il. Après tant d'obstacles, nous sommes enfin réunis ! Si j'ai lieu d'être satisfait de ma nouvelle fortune, qu'il m'est doux de pouvoir faire partager mon sort à cette fille adorable ! Oh ! je ne crains pas qu'on me blâme d'épouser une personne aussi parfaite... Elle dort profondément, tandis que l'idée de cette union tant désirée occupe entièrement mes esprits, et m'interdit le repos. Que je suis contrarié de n'avoir pu recevoir ses embrassemens à son arrivée dans ce fort ! Il faut maintenant que j'épie l'instant de son réveil. Ce maudit breuvage retiendra ses sens dans un long engourdissement, et peut-être suis-je condamné à passer une journée entière avant que de pouvoir lui parler. Quelle attente cruelle !... Mais, en attendant, qui m'empêche d'aller contempler ses traits et de déposer un baiser brûlant sur son front virginal ! Je ne puis y résister : il faut que je la voie !... Je serai auprès d'elle, je respirerai son haleine sans troubler son sommeil. Je brûle d'admirer cette figure céleste où siége la candeur. Sa pudeur ne saurait en être blessée, car elle ignorera cette démarche, dont elle pourrait rougir. Je la ferai sans remords, puisqu'il n'en doit résulter pour elle rien qui puisse alarmer son innocence, et pour moi qu'un instant de bonheur dont je n'abuserai point.

FIN DU TROISIÈME VOLUME.

organes importans participent à l'inflammation primitive, c'est-à-dire, à celle de l'estomac. Quant aux accidens et aux complications, on les traitera comme il a été indiqué dans l'histoire de chacune des maladies. Le traitement *préservatif* de la petite vérole consiste dans l'*inoculation* et la vaccine. La première a été abandonnée, et la vaccine seule est en vogue: nous ne parlerons donc que de cette dernière.

### *vaccine.*

Le mot de *vaccine* dérive de *vacca*, qui signifie *vache*; parce que la vaccine est une maladie propre à ce quadrupède. *Jenner*, médecin anglais, chargé en 1775 de pratiquer l'inoculation dans la province de Glocester, s'aperçut qu'un certain nombre d'individus ne ressentaient aucun effet de l'insertion du virus variolique, quoiqu'ils n'eussent jamais été affectés de la petite vérole. Cherchant à pénétrer la cause de ce phénomène, il ne tarda pas à découvrir que les personnes chez lesquelles l'inoculation était sans effet, avaient précédemment contracté, en trayant les vaches, une éruption boutonneuse, ou, si l'on veut, les boutons de vaccine que ces animaux sont susceptibles d'offrir au pis.

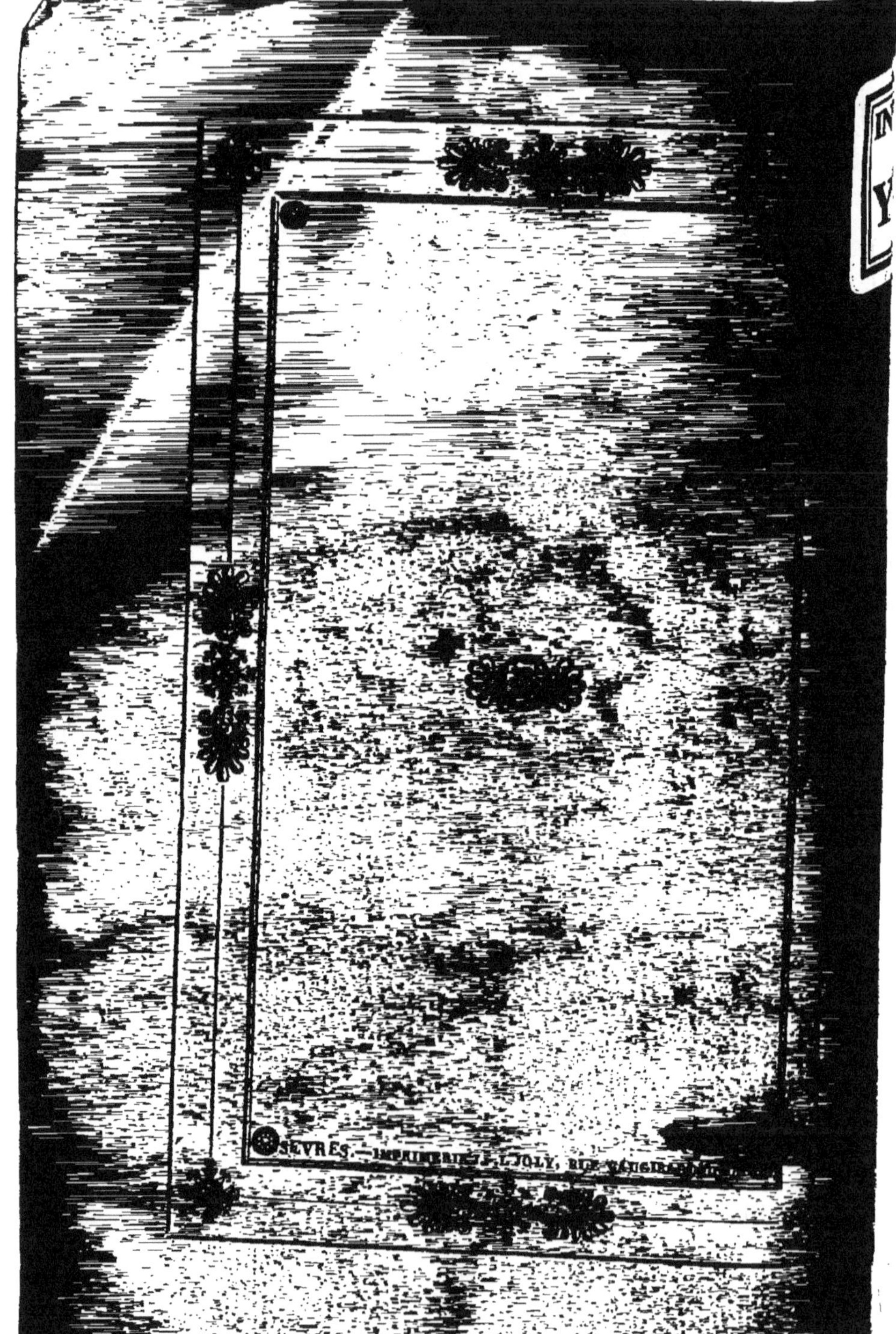
SEVRES

www.ingramcontent.com/pod-product-compliance
Lightning Source LLC
LaVergne TN
LVHW020600230826
846091LV00002B/546

*9782013058339*